EVROPA

Gore Vidal, geboren 1925 in West Point, Enkel eines Senators und verwandt mit dem früheren Vizepräsidenten Al Gore, ist das Enfant terrible unter den Intellektuellen Amerikas und einer der schärfsten Kritiker des amerikanischen Establishments. Seine Kritik an der amerikanischen Plutokratie vertritt er seit geraumer Zeit in politischen Interviews für Zeitungen und Magazine, bevorzugt in »Vanity Fair«. Vidal begann seine Karriere als Schriftsteller 1948. Bereits sein dritter Roman jedoch, über einen Homosexuellen, wurde zu einem derartigen Skandal, dass die »New York Times« ankündigte, sie werde seine nächsten fünf Romane ignorieren. Er schrieb über zehn Jahre lang unter Pseudonym Fernseh- und Filmdrehbücher (»Ben Hur«). Er war Redenschreiber für John F. Kennedy und bewarb sich 1960 erfolglos um einen Sitz im Kongress. 1964 erschien, mit phänomenalem Erfolg, sein historischer Roman »Julian«.

Vidal ist Verfasser von insgesamt zwanzig Romanen, fünf Theaterstücken und über zweihundert Essays. Seiner Autobiografie (1995) hat er den Titel »Palimpsest« gegeben. Seit dreißig Jahren lebt Gore Vidal in Ravello/Italien und in Los Angeles.

GORE VIDAL

Bocksgesang

Antworten auf Fragen
vor und nach dem 11. September

Aus dem Amerikanischen übersetzt
von Bernhard Jendricke und Rita Seuß,
Kollektiv Druck-Reif

EUROPÄISCHE VERLAGSANSTALT

Der Essay »Bocksgesang« wurde unter dem Titel »Goat Song. Answered Questions Before, During, After 9/11« am 20. September 2002 geschrieben und erscheint im März 2003 in dem Band von Gore Vidal »Dreaming War: Blood for Oil and the Cheney-Bush Junta« bei Thunder's Month Press | Nation Books, New York, © 2002 by Gore Vidal

Die weiteren für diesen Band übersetzten Essays sind »The Last Empire« von Gore Vidal entnommen, erschienen 2002 bei Vintage Books, a division of Random House, Inc., New York, © 2001 by Gore Vidal, übersetzt ebenfalls von Bernhard Jendricke und Rita Seuß.

Die Essays »Das letzte Imperium« und »Mickey Mouse als Historiker« sind zuerst erschienen in der Sammlung »Das ist nicht Amerika!« von Gore Vidal, ausgewählt und herausgegeben von Willi Winkler, © 2000 Albrecht Knaus Verlag, München, in der Verlagsgruppe Random House GmbH, und wurden übersetzt von Thomas Piltz und Maja Überle-Pfaff.

Informationen zu unseren Verlagsprogrammen finden Sie im Internet unter www.europaeische-verlagsanstalt.de

Bibliografische Information Der Deutschen Bibliothek

Die Deutsche Bibliothek verzeichnet diese Publikation in der Deutschen Nationalbibliografie; detaillierte bibliografische Daten sind im Internet über http://dnb.ddb.de abrufbar.

© Europäische Verlagsanstalt | Sabine Groenewold Verlage, Hamburg 2003
Umschlaggestaltung: projekt ® | Walter Hellmann, Hamburg
Signet: Dorothee Wallner nach Caspar Neher »Europa« (1945)
Herstellung: Das Herstellungsbüro, Hamburg
Druck und Bindung: Clausen & Bosse, Leck
Alle Rechte vorbehalten
Printed in Germany
ISBN 3-434-50563-6

Inhalt

Bocksgesang

1

Der 24. August 1814 war für das Land der Freiheit ein ausgesprochen düsterer Tag. An diesem Tag besetzten die Briten Washington und brannten das Kapitol und das Weiße Haus nieder. Präsident Madison flüchtete in die nahen Wälder Virginias, wo er geduldig darauf wartete, dass die bekanntermaßen kurze Aufmerksamkeit der Briten nachließ, um seine Chance zu nutzen. Die Engländer zogen tatsächlich bald weiter, und was ein Tag der schrecklichsten Finsternis zu werden drohte, machte Washington zu einer Goldgrube für das Baugewerbe und die Makler von Spitzenimmobilien.

Einhundertsiebenundachtzig Jahre später und ein Jahr nach dem 11. September wissen wir immer noch nicht, wer an jenem Dienstag den Anschlag verübte und welches die wahren Gründe dafür waren. Vielen Kämpfern für die bürgerlichen Freiheitsrechte scheint es jedoch ziemlich klar, dass der 11. September nicht nur unsere anfällige Bill of Rights zunichte gemacht hat, sondern auch unser früher einmal beneidetes republikanisches Regierungssystem. Dem war jedoch bereits im Jahr zuvor ein tödlicher Schlag versetzt worden, als der Oberste Gerichtshof ein Tänzchen im Fünfvierteltakt vollführte und einen gewählten Präsidenten durch die Öl- und Erdgas-Junta von Cheney und Bush ersetzte.

Freilich gilt es schon seit Jahren als offenes Geheimnis, dass die US-Konzerne direkt und großzügig die Präsidentschaftswahlen finanzieren (der Wahlkampf von Bush und Gore im Jahr 2000 kostete sie drei Milliarden Dollar); ihnen gehören auch die Medien, die mit Desinformationen aus Geheimdiensten wie der von der Regierung kontrollierten CIA bestens versorgt werden. Diese Medien versichern uns auch tagtäglich, dass wir das am meisten beneidete und bewunderte Volk der Erde sind und folglich alle Welt nichts anderes ersehnt, als in die USA einzuwandern, um ein Stück von dem größten Kuchen zu bekommen, den Spekulationsgewinnler jemals gebacken haben. Derweil treibt unsere immer unverantwortlicher agierende Regierung rund um den Globus alle möglichen Spielchen, von denen wir, die Speerträger (ehedem das Volk), niemals etwas erfahren werden. Und doch erhielten wir im Laufe des vergangenen Jahres dank ausländischer Freunde Antworten auf die Frage, warum man uns vor dem 11. September nicht gewarnt hat. Offensichtlich wurden wir nämlich gewarnt, und zwar wiederholt. Fast ein ganzes Jahr lang hat man uns gesagt, dass irgendwann im September 2001 feindselige Besucher am Himmel über unserem Land auftauchen würden, aber die Cheney-Bush-Junta hat uns weder informiert noch beschützt – trotz eindringlicher Alarmrufe Präsident Putins und Präsident Mubaraks, des Mossad, ja sogar aus den Reihen unseres leidgeprüften FBI. Eine gemeinsame Kommission der für die Geheimdienste zuständigen Kongressausschüsse hat gerade festgestellt (laut *New York Times* vom 19. September), dass der pakistanische Terrorist Abdul Hakim Murad bereits im Jahr 1996 gegenüber FBI-Agenten zugab, er habe »Flugunterricht genommen, um ein Flugzeug in das CIA-Hauptquartier zu steuern«.

Einzig CIA-Direktor George Tenet scheint die Drohungen ernst genommen zu haben. Im Dezember 1998 gab er eine »Kriegserklärung« heraus. Das FBI war von seinen Warnungen derart beeindruckt, dass am 20. November »noch immer nur ein einziger FBI-Ermittler ausschließlich mit Al-Qaida befasst war«.

In einer an die Junta gerichteten Einschätzung Anfang Juli 2001 heißt es: »Nach Auswertung sämtlicher Quellen und Berichte der vergangenen fünf Monate gehen wir davon aus, dass Osama bin Laden in den kommenden Wochen einen folgenschweren Terroranschlag gegen US-amerikanische und/oder israelische Einrichtungen führen wird. Der Anschlag soll Aufsehen erregen und so angelegt sein, dass in den US-Einrichtungen eine große Zahl von Opfern zu beklagen sein wird. Vorbereitungen dazu wurden bereits getroffen. Der Angriff wird ohne oder mit nur kurzer Vorwarnung erfolgen.« Und genauso kam es. Die nationale Sicherheitsberaterin aber sagt, sie hätte sich nie träumen lassen, dass eine »Flugzeugentführung« noch etwas anderes sein könnte als bloße Luftpiraterie.

Zum Glück liegt irgendwo hinter der Umgehungsstraße Europa, das kürzlich von den Medien der Junta für antisemitisch erklärt wurde, weil der Großteil Europas – im Gegensatz zur Junta – keinen Krieg mit dem Irak will. Dank der Enthüllungen europäischer und asiatischer Journalisten mit ihren vergleichsweise freien Medien dämmert uns allmählich, warum die Junta auf den Irakkrieg so erpicht ist.

Die beste und ausgewogenste Analyse der Frage »Wie und warum wurde Amerika am 11. September 2001 angegriffen?« stammt bisher von Nafeez Mossadeq Ahmed ... ja, ja, ich weiß, er ist einer von *denen*. Aber die wissen eben oft Dinge, von denen wir keinen Schimmer haben, insbesondere darüber, was man bei uns im Schilde führt. Ahmed ist Politikwissenschaftler und Direktor des Instituts für politische Forschung und Entwicklung im englischen Brighton, »einer Denkfabrik zur Durchsetzung von Menschenrechten, Gerechtigkeit und Frieden«. Sein Buch, *The War on Freedom*, ist von einem kleinen, aber angesehenen englischen Verlag soeben in den USA veröffentlicht worden.

Ahmed legt die Hintergründe unseres fortdauernden Kriegs gegen Afghanistan dar, und seine Sicht der Dinge widerspricht in jeder Hinsicht dem, was uns die Junta aufgetischt hat. Er beruft sich auf verschiedene Quellen, unter anderem – und mithin am aufschlussreichsten – auf amerikanische Informanten, die jetzt allmählich auspacken und bezeugen, wie es war – beispielsweise jene FBI-Agenten, die ihre Vorgesetzten in Kenntnis gesetzt hatten, dass Al-Qaida Selbstmordattentate in New York und Washington plane. Man drohte ihnen mit strafrechtlichen Folgen entsprechend dem Gesetz zur nationalen Sicherheit, sollten sie mit diesen Informationen an die Öffentlichkeit gehen. Unlängst haben sich einige dieser Agenten an David P. Schippers gewandt, den Hauptankläger des Rechtsausschusses im Kongress, der sie vor Gericht vertreten soll, wenn er nicht anderweitig verhindert ist. Wie sich viele Amerikaner erinnern werden, leitete Schippers erfolgreich das Amtsenthebungsverfahren gegen Präsident Clinton im Repräsentantenhaus. Er könnte folglich in der Pflicht stehen, George W. Bush, dem Cheerleader der Junta, denselben hohen Dienst zu erweisen; schließlich hat Bush zugelassen, dass der amerikanischen Bevölkerung ein drohender Angriff auf zwei unserer Städte als Vergeltung für einen geplanten Militärschlag der Vereinigten Staaten gegen die afghanischen Taliban verheimlicht wurde.

Der britische *Guardian* berichtete am 26. September 2001, im Juli, also noch vor dem 11. September, hätten sich interessierte Kreise in einem Berliner Hotel getroffen und über Lee Coldren, ehemals hoher Beamter im Außenministerium, eine Botschaft der Regierung Bush entgegengenommen. Darin hieß es, die Vereinigten Staaten seien »über die Taliban so empört, dass sie eine militärische Aktion in Erwägung ziehen ... Dem pakistanischen Diplomaten Niaz Naik zufolge, der an diesem Treffen teilnahm, lag das Beunruhigende dieser vertraulichen Vorwarnung darin, dass bereits in allen Einzelheiten ausgearbeitet war, wie Bush die Aktion erfolgreich durchführen könnte ...« Vier Tage zuvor hatte der *Guardian* berichtet, »Osama bin Laden und die Taliban« hätten »zwei Monate vor den Terroranschlägen auf New York und Washington Warnungen vor einer gegen sie gerichteten möglichen amerikanischen Militäraktion erhalten ... [was] darauf hindeuten könnte, dass bin Laden sich von den Amerikanern bedroht fühlte und daher mit einem Präventivschlag reagierte«. Eine Wiederholung des »Tags der Schande« im Pazifik vor zweiundsechzig Jahren?

Da Bush den Kongress dazu gebracht hat, die Ereignisse vom 11. September *nicht* genauer zu untersuchen, kann nur noch das Repräsentantenhaus mit Hilfe eines Verfahrens zur Amtsenthebung die Wahrheit aus ihm herausholen. Jawohl, er muss uns sagen, was er über diese massive und unmittelbare Bedrohung von außen wusste (eine ominöse Formulierung, die ich gleich erklären werde) und seit wann er informiert war.

Ungeachtet der Entrüstung und des gespielten Erstaunens der Junta nach dem Anschlag wurde Bush zwei Tage *vor* dem 11. September der Entwurf zu einer Sicherheitsdirektive vorgelegt, die unter der Androhung eines Krieges umfassende militärische, diplomatische und geheimdienstliche Schritte gegen Al-Qaida zum Inhalt hatte. NBC News zufolge war Präsident Bush im Begriff, »detaillierte Pläne für einen weltweiten Krieg gegen Al-Qaida zu unterzeichnen ... aber die Terrorangriffe kamen ihm zuvor«. Nach Informationen von NBC News enthielt die Direktive im Wesentlichen eben den Kriegsplan, der nach dem 11. September umgesetzt wurde. »Die Regierung konnte höchstwahrscheinlich deswegen so schnell reagieren ... weil sie die Pläne nur noch ›aus der Tasche ziehen‹ musste.«

BBC News schließlich berichtete am 18. September 2001: »Der ehemalige pakistanische Außenminister Niaz Naik erhielt Mitte Juli von hochrangigen Vertretern der amerikanischen Regierung die Mitteilung, Mitte Oktober werde ein Militärschlag gegen Afghanistan erfolgen. Naiks Ansicht zufolge würde Washington von einem Krieg gegen Afghanistan auch dann nicht ablassen, wenn die Taliban bin Laden umgehend auslieferten.«

Also wurde Afghanistan in Schutt und Asche gelegt, um die dreitausend von Osama bin Laden ermordeten Amerikaner zu rächen? Wohl kaum. Die Junta hält die Amerikaner für so einfältig, dass sie sich kein komplizierteres Szenario vorstellen könnten als das des imposanten, einzelgängerischen und verrückten Killers (diesmal mit seinen zombiehaften Helfershelfern), der nur zum Spaß Böses tut – weil er uns hasst, denn wir sind reich und frei und er nicht. Der unattraktive Osama wurde aus ästhetischen Gründen zum Furcht einflößenden Symbol für unsere längst beschlossene Invasion und Eroberung Afghanistans stilisiert, mit deren militärischer Planung für den »Katastrophenfall« bereits Jahre vor dem 11. September 2001 begonnen und die seit dem 20. Dezember 2000 fortgesetzt wurde, als Clintons scheidendes Team den Plan für einen Vergeltungsschlag gegen bin Laden und Al-Qaida nach ihrem Anschlag auf den Zerstörer *Cole* ausarbeitete. Clintons nationaler Sicherheitsberater Sandy Berger unterrichtete seine Nachfolgerin Condoleezza Rice persönlich davon. Doch die Dame, immer noch stark durchdrungen von ihrer Rolle als Vorstandsmitglied von Chevron, betraut mit Sonderaufgaben im Zusammenhang mit Pakistan und Usbekistan, bestreitet heute in bester Junta-Tradition, jemals von ihrem Vorgänger im wichtigsten staatlichen Amt für nationale Sicherheit informiert worden zu sein. Eineinhalb Jahre später (am 12. August 2002) berichtete das unerschrockene Magazin *Time* von dieser merkwürdigen Erinnerungslücke.

Osama bin Laden – falls tatsächlich er es war und nicht ein Staat – sorgte lediglich für den notwendigen Schock, um einen Eroberungskrieg in Gang zu setzen. Aber Eroberung von was? Was gibt es dort im öden, trockenen und sandigen Afghanistan, das es wert wäre, erobert zu werden? Das erklärt uns Zbigniew Brzezinski in einer Studie des Council on Foreign Relations, des Rats für Auslandsbeziehungen, die den Titel *The Grand Chessboard: American Primacy and its Geostrategic Imperatives* (Das Große Schachbrett: Das amerikanische Primat und seine geostrategischen Notwendigkeiten) trägt.

Der aus Polen stammende Brzezinski, ein Falke, war unter Präsident Carter nationaler Sicherheitsberater.

In *The Grand Chessboard* erteilt uns Brzezinski eine kleine historische Nachhilfestunde: »Als vor etwa fünfhundert Jahren die Kontinente begannen, politisch miteinander in Beziehung zu treten, lag in Eurasien das Zentrum der Weltmacht.« Eurasien umfasst das gesamte Territorium östlich von Deutschland. Dazu gehören Russland, der Mittlere Osten, China und Teile Indiens. Für Brzezinski sind Russland und China an der Grenze zum ölreichen Zentralasien diejenigen Mächte, die die Vorherrschaft der USA in dieser Region am meisten bedrohen.

Er hält es für selbstverständlich, dass die USA die Kontrolle über die ehemaligen zentralasiatischen Sowjetrepubliken Turkmenistan, Usbekistan, Tadschikistan und Kirgisistan, die von ihren Freunden als »Stan-Staaten« bezeichnet werden, gewinnen müssen und die »aus sicherheitspolitischen Erwägungen und aufgrund historischer Ambitionen für mindestens drei ihrer unmittelbaren und mächtigsten Nachbarn – Russland, die Türkei und den Iran sowie China, das ebenfalls bereits sein Interesse bekundet hat – von Bedeutung sind«. Brzezinski verweist darauf, dass der weltweite Energieverbrauch weiterhin steigt; wer also die Öl- und Erdgasvorkommen am Kaspischen Meer kontrolliert, beherrscht die Weltwirtschaft. Und dann bedient er sich reflexhaft der amerikanischen Standarderklärung für alle imperialen Ambitionen: dass wir nämlich niemals etwas für uns selbst erstreben, sondern nur Schurken daran hindern wollen, sich gute Dinge unter den Nagel zu reißen, mit denen sie guten Menschen Schaden zufügen können. »Folglich besteht Amerikas Hauptinteresse darin zu gewährleisten, dass keine [andere] Einzelmacht diesen geopolitischen Raum unter ihre Kontrolle bringt und dass die Weltgemeinschaft finanziell und wirtschaftlich ungehindert Zugang zu ihm hat.«

Brzezinski weiß genau, dass die amerikanische Führung wunderbar ahnungslos ist, was Geschichte und Geografie betrifft, und deshalb kann er reichlich dick auftragen; er kann sich gerade noch zügeln, bevor er das politisch inkorrekte »vorbestimmte Schicksal« beschwört. Er erinnert das Council an die Größe Eurasiens. Fünfundsiebzig Prozent der Weltbevölkerung sind Eurasier. Wenn ich richtig gerechnet habe, heißt das, dass wir bis dato lediglich fünfundzwanzig Prozent der Weltbevölkerung beherrschen. Das muss mehr werden! »Eurasien erwirtschaftet sechzig Prozent des weltweiten Bruttoinlandsprodukts und verfügt über drei Viertel der weltweit bekannten Energieressourcen.«

Brzezinskis Generalplan für »unsere« Erde wurde von der Cheney-Bush-Junta offensichtlich gutgeheißen. Seit langem hellauf begeistert von den eurasischen Bodenschätzen, war die amerikanische Wirtschaft von Anfang an mit von der Partie.

Ahmed fasst zusammen: »Brzezinski lässt keinen Zweifel daran, dass die Etablierung, die Konsolidierung und der Ausbau der militärischen Vormachtstellung der USA in Eurasien durch die Kontrolle über

Zentralasien eine beispiellose, zeitlich unbegrenzte militärische Ausrichtung der amerikanischen Außenpolitik erfordern würde, verbunden mit der Notwendigkeit einer beispiellosen innenpolitischen Unterstützung und Zustimmung zu dieser militärischen Ausrichtung.«

Afghanistan ist das Tor zu all diesen Schätzen. Werden wir Krieg führen, um sie uns anzueignen? Vergessen wir nicht, dass das amerikanische Volk in keinem der beiden Weltkriege des 20. Jahrhunderts hatte kämpfen wollen; es war Präsident Wilson, der uns in den Ersten Weltkrieg steuerte, und Präsident Roosevelt, der die Japaner dazu brachte, den Erstschlag zu führen und Pearl Harbor anzugreifen, was uns wiederum veranlasste, aufgrund dieses massiven Angriffs von außen in den Zweiten Weltkrieg einzutreten. Brzezinski weiß das alles, und er denkt weiter, über das Jahr 1997 hinaus.»In Anbetracht des zunehmend multikulturellen Charakters der amerikanischen Gesellschaft könnte es in Zukunft schwieriger sein, in außenpolitischen Fragen einen Konsens herzustellen, es sei denn im Falle einer wirklich massiven und weithin wahrgenommenen unmittelbaren Bedrohung von außen.« So wurde der Colt gezogen, aus dem der schwarze Rauch über Manhattan und dem Pentagon aufsteigen sollte.

Seit den iranisch-irakischen Kriegen der achtziger und frühen neunziger Jahre wird der Islam als ein satanischer terroristischer Kult dämonisiert, der zu Selbstmordattentaten ermuntert – die, und das muss betont werden, dem islamischen Glauben widersprechen. Osama bin Laden, so scheint es, wurde zu Recht als islamischer Eiferer dargestellt. Um diesen Schurken (tot oder lebendig) vor Gericht zu bringen, nahm man in Afghanistan, dem Ziel der Übung, nicht nur die Interessen der Demokratie wahr, sondern auch die des kalifornischen Ölkonzerns Union Oil, dessen Projekt einer Pipeline von Turkmenistan über Afghanistan und Pakistan bis zum indischen Hafen Karatschi unter dem chaotischen Taliban-Regime nicht weiterbetrieben worden war. Nachdem die Junta einen UNOCAL-Mitarbeiter als amerikanischen Gesandten für die neu geschaffene Demokratie eines Landes eingesetzt hat, dessen Präsident ebenfalls ein ehemaliger UNOCAL-Mitarbeiter ist, kann das Pipeline-Projekt nun weiterverfolgt werden.

Sobald es den Anschein hatte, als wäre Afghanistan unter Dach und Fach, und nachdem das komplizierte diplomatisch-militärische Manöver halbwegs erfolgreich durchgeführt war, ersetzte die Junta urplötzlich Osama bin Laden, die Inkarnation des Bösen, durch Saddam Hussein. Das war schwer zu vermitteln, denn der Irak hat mit dem 11. September rein gar nichts zu tun. Zweifellos wird dafür ein »Beweis« konstruiert. Aber das ist knochenharte Arbeit, und US-amerikanische Presseberichte über die riesigen Ölvorkommen des Irak, die im Interesse der freien Welt US-Konsortien und anderer amerikanischer Konzerne Konsortien unterstellt werden müssen, machen die Sache nicht einfacher.

Wie Brzezinski prognostizierte, ermöglichte es nur »eine wahrhaft massive und weithin wahrgenommene unmittelbare Bedrohung von außen« dem Präsidenten, Cheerleader der Junta, vor dem Kongress einen Kriegstanz aufzuführen. »*Ein langer Krieg!*«, rief er freudig aus. Dann sprach er vage von einer Achse des Bösen. Der Kongress erteilte ihm zwar nicht das Roosevelt-Special – die Vollmacht, den Krieg zu erklären –, wohl aber die Erlaubnis, bin Laden zu jagen, der sich möglicherweise im Irak versteckt hält. Wird der Kongress grünes Licht für den Krieg geben? Werden die Vereinten Nationen wie seinerzeit Papst Urban II. diesem ölgesalbten Kreuzzug ihren Segen erteilen?

2

Nach dem 11. September waren die amerikanischen Medien voll mit präventiven Beschuldigungen gegen unpatriotische »Verschwörungstheoretiker«, die es bei uns immer gibt und die sich gewöhnlich leicht diskreditieren lassen, denn einem Glaubensartikel zufolge gibt es im amerikanischen Leben keine Verschwörungen. Doch wer hätte es noch vor gut einem Jahr für möglich gehalten, dass sich die amerikanische Wirtschaft mit Buchprüfern verschwört, um die Bilanzen zu frisieren – und zwar seit, nun ja, mindestens seit der strahlenden Morgendämmerung der Ära Reagan und der Deregulierung. Man mag es für

Ironie halten, dass wir weniger als ein Jahr nach der massiven Bedrohung von außen einem noch größeren Feind im Innern gegenüberstehen: dem Kapitalismus des Goldenen Kalbes. Transparenz? Größere Transparenz würde, so ist zu befürchten, nur offen legen, dass es unter der Oberfläche einer Kultur, die eine Besinnungspause bitter nötig hätte, von Maden nur so wimmelt – einer Kultur, die sich erst einmal sammeln sollte, bevor sie den nächsten großen Schritt zur Eroberung Eurasiens macht und damit zu einem Abenteuer aufbricht, das nicht nur für unsere verschlissenen Institutionen, sondern auch für uns, die gegenwärtig Lebenden, fatal werden kann.

Mittäterschaft. Das Verhalten von Präsident Bush am 11. September öffnet Spekulationen Tür und Tor. Ich kann mir keinen anderen modernen Staatschef denken, der in dem Augenblick, in dem gekaperte Flugzeuge in drei berühmte Gebäude krachen, ungerührt weiter für »goldige« Fotos posiert, auf denen er einem kleinen Mädchen lauscht, das ihm von seinem zahmen Ziegenbock erzählt.

Laut Verfassung ist Bush nicht nur Staatschef, sondern auch Oberbefehlshaber der Streitkräfte. Allerdings würde sich ein Oberbefehlshaber in dieser Situation umgehend ins Hauptquartier begeben, Befehle erteilen und sich über die genaueren Umstände der Geschehnisse auf den neuesten Stand bringen lassen.

Stan Goff zufolge, einem zweiundsechzigjährigen Veteran der US-Armee und ehemaligen Dozenten für Militärwissenschaft an der Militärakademie in West Point, hat Bush genau das getan – oder vielmehr unterlassen. In *The So-called Evidence is a Farce* schreibt Goff: »Mir ist schleierhaft, weshalb niemand ein paar sehr konkrete Fragen bezüglich der Aktivitäten von Bush und Co. am Tag der Anschläge stellt. Vier Flugzeuge werden entführt und weichen von ihrer Flugroute ab, was die Radarschirme der Luftfahrtbehörde exakt registrieren.« Wie andere erstaunte Militärexperten kann sich übrigens auch Goff nicht erklären, warum man nicht der automatisch in Kraft tretenden »Standardanweisung für das Vorgehen im Falle einer Entführung« folgte. Weicht ein Flugzeug von seiner Route ab, werden normalerweise Abfangjäger losgeschickt, um den Grund dafür zu erkunden. Das ist gesetzliche

Vorschrift; es bedarf dazu keiner Zustimmung des Präsidenten, die nur dann erforderlich ist, wenn das Flugzeug abgeschossen werden soll. Goff schreibt weiter: »Die Flugzeuge wurden zwischen 7.45 Uhr und 8.10 Uhr Ortszeit von Boston aus entführt. Wer wird benachrichtigt? Schon jetzt handelt es sich um ein unerhörtes Ereignis. Aber der Präsident wird nicht informiert. Er besucht eine Grundschule in Florida, um Kindern beim Vorlesen zuzuhören.

Um etwa 8.15 Uhr hätte klar sein müssen, dass gerade etwas Schreckliches geschieht. Der Präsident schüttelt Lehrern zur Begrüßung die Hand. Um 8.45 Uhr, als Flug Nr. 11 der American Airlines in das World Trade Center rast, stellt sich Bush zu einem Fototermin mit Kindern der Booker-Grundschule auf. Offensichtlich waren vier Passagierflugzeuge gleichzeitig entführt worden – ein Vorgang, der in der Geschichte seinesgleichen sucht –, und eines davon ist soeben in die weltberühmten Zwillingstürme gekracht. Doch noch immer wird der nominelle Oberbefehlshaber nicht in Kenntnis gesetzt.

Offensichtlich hat auch niemand Abfangjäger der Luftwaffe zum Soforteinsatz losgeschickt. Um 9.03 Uhr rast Flug Nr. 175 der United Airlines in den zweiten Turm des World Trade Center. Um 9.05 Uhr flüstert Andrew Card, der Stabschef des Weißen Hauses, George W. Bush die Neuigkeit ins Ohr, dessen Miene sich Reportern zufolge ›kurz verdüstert‹. Bricht er den Schulbesuch ab, um eine Dringlichkeitssitzung einzuberufen? Nein. Er widmet sich wieder den Zweitklässlern ... und unterbricht diese banale Beschäftigung auch dann nicht, als Flug Nr. 77 der American Airlines außerplanmäßig über Ohio den Kurs ändert und in Richtung Washington, D.C., weiterfliegt. Instruiert er Stabschef Card, die Luftwaffe loszuschicken? Nein. Zermürbende fünfundzwanzig Minuten später lässt er sich endlich dazu herab, eine öffentliche Erklärung abzugeben und den Vereinigten Staaten zu sagen, was sie bereits selbst herausgefunden haben – dass ein Angriff auf das World Trade Center mit entführten Flugzeugen stattgefunden hat. Ein weiteres entführtes Flugzeug steuert derweil auf Washington zu, aber wurde die Luftwaffe mobilisiert, um irgendetwas zu schützen? Nein.

Um 9.30 Uhr, als Bush seine Erklärung abgibt, ist Flug Nr. 77 der American Airlines immerhin noch zehn Minuten von seinem Ziel, dem Pentagon, entfernt. Die Regierung wird später behaupten, sie habe nicht wissen können, dass das Pentagon ein mögliches Angriffsziel sei, vielmehr habe man angenommen, Flug Nr. 77 würde das Weiße Haus ansteuern. Tatsache jedoch ist, dass das Flugzeug bereits Kurs nach Süden genommen, die Flugverbotszone des Weißen Hauses hinter sich gelassen hat und mit mehr als 650 km/h über den Himmel rast.

Um 9.35 Uhr vollführt das Flugzeug, vom Radar aufgezeichnet, erneut eine Drehung von 360 Grad über dem Pentagon, doch das Pentagon wird nicht evakuiert, und am Himmel über Alexandria und Washington befinden sich noch immer keine Abfangjäger der Luftwaffe. Und dann der Hammer: Ein Pilot, der, wie man uns glauben machen will, in einer kleinen Flugschule für Klapperkisten wie Piper Cubs und Cessnas in Florida ausgebildet wurde, dreht eine perfekt ausgeführte Abwärtsspirale, wobei er sich aus 7000 Fuß Höhe in zweieinhalb Minuten dem Pentagon nähert, bringt das Flugzeug so tief herunter, dass es die Stromleitungen auf der dem Pentagon gegenüberliegenden Straßenseite streift, und steuert millimetergenau mit 750 km/h in die Flanke des Gebäudes.

Als die Theorie, in einer kleinen Flugschule könne man derart gut fliegen lernen, an Glaubwürdigkeit zu verlieren begann, schob man die Erklärung nach, sie hätten zusätzlich an einem Flugsimulator trainiert. Das ist, als würde man sagen, man will seiner halbwüchsigen Tochter das Autofahren beibringen, indem man sie zu ihrer ersten Fahrt auf die Autobahn in den Stoßverkehr schickt und ihr zur Vorbereitung ein Video von einem Autorennen gibt ... Um diese Ereignisse herum wird alles Mögliche konstruiert.«

In der Tat – und je mehr hinzugefügt wird, desto undurchsichtiger wird die Sache. Die Lässigkeit von General Richard B. Myers als Generalstabschef der US-Streitkräfte ist ebenso verblüffend wie das Verhalten des Präsidenten, der tat, als sei nichts geschehen. Myers plauderte im Kapitol gerade mit Senator Max Cleland. Später beschreibt ein Sergeant im *American Forces Press Service* (AFPS) Myers'

Verhalten im Kapitol folgendermaßen: »In einem der Außenbüros, erzählte er, habe er in einem Fernsehbericht gesehen, dass das World Trade Center von einem Flugzeug getroffen worden sei. ›Es hieß, es sei ein kleines Flugzeug oder so etwas‹, sagte Myers. Dann setzten die beiden Männer ihr dienstliches Telefonat fort.«

Was immer es auch war, was sich Myers und Cleland zu sagen hatten (mehr Geld für das Militär?), es muss spannend gewesen sein, denn während ihrer Unterhaltung, so berichtet AFPS, »wurde der zweite Turm des World Trade Center von einem weiteren Flugzeug getroffen. ›Niemand hat uns darüber informiert‹, sagte Myers. ›Aber als wir herauskamen, war alles klar. Dann, genau in diesem Moment, sagte jemand, das Pentagon sei getroffen worden.‹« Endlich drückte jemand – ein anderer Jemand? – »Myers ein Mobiltelefon in die Hand« – und wie durch Zauberei war der befehlshabende General von NORAD – unserem Luftwaffenkommando – exakt in dem Augenblick am Apparat, als die Mission der Entführer bis auf den gescheiterten Anschlag in Pennsylvania erfolgreich ausgeführt war. Später sagte Myers vor dem Militärausschuss des Senats aus, er glaube, dass es bei seinem Mobilfunkgespräch mit NORAD »um die Entscheidung ging, Flugzeuge loszuschicken«.

Diese Aussage hätte in unserer alten, ernsthaften Armee und Luftwaffe ausgereicht, um einige der Verantwortlichen vor das Kriegsgericht zu stellen und obendrein ein paar Amtsenthebungsverfahren in Gang zu setzen. Zum einen behauptet Myers, erst beim dritten Anschlag benachrichtigt worden zu sein. Doch das Pentagon überwachte die entführten Flugzeuge mindestens seit dem Anschlag auf den ersten Turm. Erst beim dritten Anschlag jedoch, dem Angriff auf das Pentagon, wurde die Entscheidung gefällt, Abfangjäger loszuschicken. Hier liegt der Hund begraben. Den Vorschriften zufolge hätten die Jagdflugzeuge schon um 8.15 Uhr aufsteigen müssen. Wäre dies geschehen, hätte man alle drei entführten Maschinen abschießen können. Ich glaube nicht, dass Sergeant Stan Goff allzu pedantisch ist, wenn er sich fragt, wer und was genau die Luftwaffe davon abhielt, dem normalen Prozedere zu folgen, anstatt eine Stunde und zwanzig Minuten zu warten, bis die Katastrophe geschehen war, und erst dann die Jagdflugzeuge loszuschicken. Offensichtlich hatte jemand der Luftwaffe den Befehl erteilt, nichts zu unternehmen, um die entführten Flugzeuge abzufangen, bevor ... bevor was?

Ein wehmütiger Ton klingt in den Sätzen von Anatoli Kornukow an, dem Befehlshaber der russischen Luftwaffe. Er räumt ein, dass es bei ihnen ähnliche Situationen gegeben habe, aber: »Sobald hier etwas Derartiges geschieht, werde ich augenblicklich unterrichtet, und in der nächsten Minute sind wir alle oben.« Da fragt man sich, ob der Mann darüber nachdenkt, warum die alte Sowjetunion diese Abwehrschwäche der Amerikaner nicht für einen kleinen Überraschungsangriff genutzt hat. Unterdessen geht das Gerücht, Putin habe uns für unsere künftige Selbstverteidigung seine Hilfe angeboten.

21. Januar 2002. Der kanadische Medienanalytiker Barry Zwicker rekapituliert auf CBC-TV: »Im Nordosten der Vereinigten Staaten gibt es viele Luftwaffenstützpunkte. Aber an jenem Morgen reagierten keine Abfangjäger rechtzeitig auf diese Situation höchster Alarmstufe. Auch nicht die Staffel vom Luftwaffenstützpunkt Andrews, 16 Kilometer vom Weißen Haus entfernt, die am längsten Zeit hatte, sich einsatzbereit zu machen ... Was auch immer die Erklärung für diesen unfasslichen Fehler ist, es gibt meines Wissens keine Berichte darüber, dass jemand zur Rechenschaft gezogen worden wäre. Dadurch wird die ›Theorie der Inkompetenz‹ weiter geschwächt. Inkompetenz wird gewöhnlich mit Maßregelung geahndet. Damit stellt sich mir die Frage, ob es etwa den Befehl gab, am Boden zu bleiben.«

Es ist interessant zu beobachten, wie oft in unserer Geschichte dann, wenn ein Unglück geschieht, Inkompetenz als ein besseres Alibi angesehen wird als ... ja, tatsächlich, es gibt Schlimmeres. Nach Pearl Harbor untersuchte der Kongress, warum die beiden Militärbefehlshaber von Hawaii, General Short und Admiral Kimmel, dem japanischen Angriff nicht zuvorgekommen waren. Aber Präsident Roosevelt vereitelte die Ermittlungen, indem er eigene Untersuchungen anstellte. Short und Kimmel wurden wegen Inkompetenz entlassen. Die »Wahrheit« wird bis auf den heutigen Tag verschleiert.

Dennoch, Pearl Harbor wurde im Laufe der Jahre eingehend analysiert. Was am 11. September geschah, wird, soviel ist klar, nie untersucht werden, wenn es nach unserer geheimniskrämerischen Junta geht. Ende Januar 2002 berichtete CNN, Präsident Bush habe »am Dienstag den Mehrheitsführer des Senats, Tom Daschle, persönlich gebeten, die Untersuchungen des Kongresses über die Ereignisse am 11. September einzuschränken, wie Quellen aus dem Kongress und dem Weißen Haus gegenüber CNN verlauten ließen ... Bush äußerte diese Bitte bei einem privaten Treffen mit Kongressführern ... Beteiligten zufolge habe Bush das Gespräch gesucht ... Er bat darum, dass nur die Geheimdienstausschüsse des Repräsentantenhauses und des Senats mögliche Pannen bei den Bundesbehörden untersuchen, die die terroristischen Angriffe ermöglicht haben könnten, und dass auf eine breitere Untersuchung, wie von einigen Mitgliedern des Repräsentantenhauses gefordert, verzichtet werde ... Nach dem Gespräch am Dienstag erfolgte vergangenen Freitag ein außergewöhnlicher Anruf von Vizepräsident Dick Cheney, der dieselbe Bitte äußerte ...«

Die Begründung lautete, so Daschle, dass eine breiter angelegte Untersuchung, die sich nicht damit zufrieden gibt, die Untätigkeit der Regierung auf »Pannen in Bundesbehörden« zurückzuführen, dem Krieg gegen den Terrorismus »Ressourcen und Personal rauben würde«. Aus Gründen, die wir nicht erfahren sollen, müssen diese »Pannen« als Erklärung herhalten. Dass es sich wahrscheinlich nicht um Pannen, sondern um eine Order gehandelt hat, ist etwas, in das wir nicht unsere Nase stecken sollten. Die Verzögerung von einer Stunde und zwanzig Minuten bei der Entsendung von Abfangjägern war unmöglich die Folge einer Panne der gesamten Luftwaffe an der Ostküste. Vielmehr wurde die Durchführung der üblichen Vorschriften auf ausdrücklichen Befehl untersagt.

Unterdessen fiel den Medien wie gewohnt die Aufgabe zu, die öffentliche Meinung gegen Osama bin Laden zu schüren, dessen Rolle als führender Kopf noch immer unbewiesen war. Solche Schnellschüsse der Medien ähneln dem klassischen Ablenkungsmanöver eines Zauberkünstlers: Während man das leuchtende Farbenspiel des

Seidentuchs in der einen Hand gebannt verfolgt, steckt er einem mit der anderen das Kaninchen in die Tasche. Man beeilte sich, uns zu versichern, bin Ladens weit verzweigter, sagenhaft reicher Familienclan hätte mit ihm ebenso gebrochen wie das Königshaus seines Heimatlandes Saudi-Arabien. Die CIA schwor Stein und Bein, dass bin Laden im Krieg gegen die sowjetischen Besatzer in Afghanistan nicht für den US-Geheimdienst tätig gewesen sei. Das Gerücht schließlich, die Familie Bush habe durch ihre langjährige Beziehung zur Familie bin Ladens in irgendeiner Weise profitiert, sei – was sonst? – schlichtweg parteiisch und geschmacklos. Doch die Verstrickung von Bush jr. in das Böse reicht mindestens bis ins Jahr 1979 zurück, als ihn sein erster gescheiterter Versuch, in der großen texanischen Ölliga mitzuspielen, mit einem gewissen James Bath aus Houston zusammenbrachte, einem Freund der Familie, der Bush jr. 50 000 Dollar für einen fünfprozentigen Anteil an dessen Firma Arbusto (spanisch für »Busch«) gab. Wayne Madsen (*In These Times*, Institute for Public Affairs, Nr. 25) zufolge war Bath zu jenem Zeitpunkt »der einzige US-amerikanische Geschäftsvertreter Salem bin Ladens, des Familienoberhaupts und Bruders (eines von 17) von Osama bin Laden ... In einer Erklärung kurz nach den Angriffen vom 11. September dementierte das Weiße Haus diese Verbindung nachdrücklich und betonte, Bath habe sein eigenes Geld in Arbusto investiert, nicht das von Salem bin Laden. In widersprüchlichen Äußerungen bestritt Bush zunächst, Bath überhaupt zu kennen, dann gab er dessen Anteile an Arbusto zu, und schließlich räumte er ein, er habe gewusst, dass Bath saudische Interessen vertrat ... nach mehreren Reinkarnationen tauchte Arbusto 1986 unter dem Namen Harken Energy Corporation wieder auf. Als Harken ein Jahr später in Schwierigkeiten geriet, gab der saudische Scheich Abdullah Taha Baghsh ...« In finanziellen Nöten nahm Bush jr. genau wie Bush sen. häufig die Gefälligkeit von Männern im Burnus – oder sollte man sagen: Brüdern im Burnus? – in Anspruch.

Hinter Bush jr. steht Bush sen., der wiederum bei der Carlyle Group in Lohn und Brot steht. Zur Carlyle Group gehören mindestens 164 Firmen weltweit, was selbst dem verlässlichen Freund der Reichen, dem *Wall Street Journal*, Bewunderung abverlangte. Schon am 27. September 2001 hieß es dort: »Wenn die USA in dem Bestreben, Osama bin Ladens angeblich terroristische Aktivitäten zu stoppen, die Rüstungsausgaben erhöht, könnte es dafür einen überraschenden Nutznießer geben: Mr. bin Ladens Familie ... der gut betuchte saudische Clan ... investierte in einen Fonds der Carlyle Group, einer Handelsbank mit Sitz in Washington und besten Beziehungen, die auf Buy-outs von Rüstungs- und Luftfahrtunternehmen spezialisiert ist ... Osama ist eines von über fünfzig Kindern des Mohammed bin Laden, der das Familienunternehmen im Wert von fünf Milliarden Dollar aufgebaut hat.« Das *Wall Street Journal* hätte auch sagen können, ein weiterer Nutznießer des Afghanistankriegs sei – wie es in *Judicial Watch* am 28. September 2001 hieß – »George H.W. Bush, der Vater von Präsident Bush. Er ist über die Carlyle Group, eine internationale Consulting-Firma, für bin Ladens Familienunternehmen in Saudi-Arabien tätig. Bush sen. hat sich mit der Familie bin Laden mindestens zweimal getroffen.« Larry Klayman, Anwalt und Vorsitzender von *Judicial Watch*, belebt diese nüchterne Darstellung unternehmerischer Gier in Zeiten höchster Gefahr für die Vereinigten Staaten mit dem Satz: »Die Vorstellung, dass der Vater des Präsidenten, ehemals selbst Präsident, Geschäfte mit einer Firma betreibt, die vom FBI verdächtigt wird, in die Terrorangriffe vom 11. September verwickelt zu sein, ist entsetzlich.«

Doch in ihrem Streben nach Reichtum, Amt und Würden kennt die Familie Bush weder Scham noch – so steht zu vermuten – Verstand. Es gibt Hinweise darauf, dass sie die Untersuchung der Verbindungen bin Ladens mit dem Terrorismus behindert. Am 4. November 2001 schrieb die *Agence France Press*: »Bei ihren US-amerikanischen Ermittlungen im Verwandtenkreis des saudischstämmigen Terrorverdächtigen Osama ... erhielten FBI-Agenten bald nach dem Amtsantritt von Präsident George W. Bush die Anweisung, die Finger davon zu lassen ... Offenbar stehen zwei weitere in den USA tätige Mitglieder der Familie bin Laden im Verdacht, Verbindungen zu einer möglicherweise terroristischen Organisation zu unterhalten.« Doch der BBC-Nachrichtensendung *Newsnight* vom 6. November 2001 zufolge »brachte nur wenige Tage, nachdem die Flugzeugentführer von Boston die Zwillingstürme angesteuert hatten, eine Sondermaschine vom selben Flughafen elf Mitglieder der Familie bin Laden nach Saudi-Arabien. Das war für das Weiße Haus jedoch kein Grund zur Beunruhigung. Von dort verlautet offiziell, die bin Ladens seien über jeden Verdacht erhaben.« *Above the Law* (Green Press, 14. Februar 2002) fasst zusammen: »... es schien, als sei es das größte Versagen des Geheimdienstes seit Pearl Harbor gewesen, aber jetzt erfahren wir, dass es gar kein Versagen war, sondern eine Anweisung.« Stimmt das, oder stimmt es nicht? Beim Amtsenthebungsverfahren wird Bush jr. unter Eid aussagen. Werden wir hören: »Was ist eine Anweisung? Was heißt ›ist‹?«

Obwohl die Vereinigten Staaten bereits seit mehreren Jahren Osama bin Laden als den führenden Kopf des Terrorismus im Visier hatten, der mehrere unserer Botschaften in Afrika in die Luft jagen und einem vor der Küste Jemens liegenden Zerstörer ein Loch in den Rumpf sprengen ließ, wurde vor dem 11. September kein ernsthafter Versuch unternommen, »ihn tot oder lebendig, unschuldig oder schuldig vor Gericht zu bringen«, wie es das texanische Gesetz des Dschungels verlangt. Clintons Aktionsplan wurde von Sandy Berger an Condoleezza Rice übergeben, wie Sie sich gewiss erinnern; sie aber behauptet, davon nichts zu wissen.

Im März 1996, als bin Laden im Sudan war, bot der sudanesische Verteidigungsminister Generalmajor Elfatih Erwa dessen Auslieferung an. Der *Washington Post* vom 3. Oktober 2001 zufolge »sagte Erwa, er würde bin Laden für die Vereinigten Staaten überwachen lassen. Falls das nicht ausreiche, sei die Regierung auch bereit, ihn zu verhaften und auszuliefern ... Von US-Regierungsvertretern kam die Antwort: ›Fordern Sie ihn auf, das Land zu verlassen. Lassen Sie ihn aber nicht nach Somalia‹, wo ihm der erfolgreiche Al-Qaida-Angriff auf amerikanische Streitkräfte im Jahr 1993, bei dem 18 Ranger getötet wurden, als Verdienst angerechnet wurde.« Erwa erklärte in einem Interview: »Wir sagten, er wird nach Afghanistan gehen, und sie [US-Regierungsvertreter] erwiderten: ›Soll er doch.‹« 1996 wies der Sudan

Osama bin Laden und dreitausend seiner Gefolgsleute aus. Zwei Jahre später ließ die Regierung Clinton gemäß der großen amerikanischen Tradition, dem Sudan für seine Bereitschaft, bin Laden auszuliefern, niemals danken zu müssen, die sudanesische Arzneimittelfabrik in Al Shifa mit Raketen beschießen. Die Begründung lautete, der Sudan gewähre Bin-Laden-Terroristen Unterschlupf, die in dieser Fabrik chemische und biologische Waffen herstellten. In Wirklichkeit wurden dort im Auftrag der UNO Impfstoffe produziert.

Vier Jahre später (im August 2001) beklagte sich John O'Neill, ein hoch angesehener FBI-Agent, in der *Irish Times*: »›Das US-Außenministerium – und im Hintergrund die Öllobby in Präsident Bushs engstem Umfeld – vereitelte Bemühungen, bin Ladens Schuld nachzuweisen.‹ Im August 2001 verwehrte der US-Botschafter im Jemen O'Neill (und seinem FBI-Team) ... die Einreise in das Land. O'Neill trat enttäuscht von seinem Posten zurück und wurde Sicherheitschef des World Trade Center. Er kam bei dem Angriff am 11. September ums Leben ...« Offenbar genoss Osama bin Laden seit seiner Teilnahme am Krieg der CIA zur Vertreibung der Sowjets aus Afghanistan die Unterstützung beider politischer Parteien. Doch am 11. September gab es keine sowjetischen Besatzer mehr in Afghanistan, ja, es gab nicht einmal mehr eine Sowjetunion.

3

Ich habe auf CNN mitverfolgt, wie Bush und Cheney von der »Achse des Bösen« sprachen und den »langen Krieg« ausriefen. Irak, Iran und Nordkorea waren im Handumdrehen als Feinde identifiziert, denen man eins überbraten müsse, weil sie möglicherweise Terroristen Unterschlupf gewähren, die uns möglicherweise in der Nacht meucheln. Deshalb müssen wir als Erste zuschlagen, wann immer wir es für geboten halten. »Merkwürdig«, meinte einer meiner alten Kameraden aus dem Zweiten Weltkrieg, »dass Bush und Cheney so scharf darauf sind, uns in den Krieg zu schicken, wo sie beide selbst im Vietnamkrieg doch Drückeberger waren.« Aber dann wurden wir schnell einig, dass es in unserer Politik schon immer die Feiglinge waren, die die wirklich harten Jungs anfeuern, ihr Leben zu opfern. Echte Soldaten wie Colin Powell sind weniger kriegslüstern. Wir haben also dem Terrorismus den Krieg erklärt – doch dieser Phantomkrieg »gegen den Terrorismus« ist gar keiner, denn zum Kriegführen braucht man ein Feindesland. Gewiss, da gab es das unschuldige Afghanistan, das aus großer Höhe dem Erdboden gleichgemacht wurde, aber was heißt schon Kollateralschaden – und was zählt ein Land –, wenn es darum geht, die Personifikation des Bösen zu vernichten, wie es *Time* und die *New York Times* und die Fernsehsender und so weiter propagieren?

Wie sich herausstellte, hatte die Eroberung Afghanistans mit bin Laden gar nichts zu tun. Er war nur ein Vorwand, um die Taliban durch eine halbwegs stabile Regierung zu ersetzen, die es der kalifornischen Union Oil erlaubt, ihre Pipeline zum Nutzen unter anderem der Cheney-Bush-Junta zu verlegen.

Etwas mehr Hintergrundinformation? Also gut. Der Firmensitz von UNOCAL liegt selbstverständlich in Texas. Im Dezember 1997 wurden Taliban-Vertreter nach Sugarland, Texas, eingeladen. Zu diesem Zeitpunkt hatte UNOCAL mit Zustimmung der US-Regierung bereits begonnen, für den Bau der Pipeline Afghanen auszubilden. BBC News, 4. Dezember 1997: »Ein Sprecher der Firma UNOCAL erklärte, die Taliban würden sich mehrere Tage in der Firmenzentrale [in Texas] aufhalten ... ein BBC-Korrespondent vor Ort sagt, der Vorschlag, eine Pipeline durch Afghanistan zu verlegen, sei Teil eines internationalen Wettlaufs zur Ausbeutung der reichen Energiequellen am Kaspischen Meer ... In Kandahar wurden im vergangenen Monat 140 Mitarbeiter eingestellt ...« Der Inter Press Service (IPS) berichtete: »Westliche Unternehmen erwärmen sich für die Taliban, obwohl diese Bewegung Terror, Massaker, Entführungen und Verelendung zu ihrem Programm gemacht hat.« CNN, 6. Oktober 1996: »Die Vereinigten Staaten wünschen sich gute Beziehungen zu den Taliban, können sie jedoch nicht offen pflegen, solange man dort Frauen unterdrückt.« Die Taliban, weitaus besser organisiert als allgemein angenommen, engagierten für ihre Öffentlichkeitsarbeit eine gewisse Leili Helms, die Nichte des ehemaligen CIA-Direktors Richard Helms. Am 9. Oktober 1996 berichtete die *Frankfurter Rundschau*, UNOCAL habe »von den neuen Machthabern in Kabul die Bewilligung zum Bau einer Pipeline von Turkmenistan durch Afghanistan nach Pakistan erhalten. Diese Ölleitung soll von Krasnowodsk am Kaspischen Meer bis Karatschi am Indischen Ozean führen.« Ein echter Coup für UNOCAL wie auch für die anderen Pipeline-Interessenten, darunter auch Condoleezzas damaliger Arbeitgeber Chevron. Obwohl die Taliban für ihre einfallsreichen Verbrechen gegen die Menschlichkeit bereits berüchtigt waren, verkündete das *Wall Street Journal*, das große Geld witternd, in forschem Ton: »Man mag sie mögen oder nicht, die Taliban sind in diesem historischen Augenblick am besten in der Lage, Frieden in Afghanistan zu schaffen.« Am 26. Mai 1997 sprang die *New York Times* auf den Pipeline-Zug auf: »Die Clinton-Regierung vertritt die Ansicht, ein Sieg der Taliban würde ein Gegengewicht zum Iran schaffen ... und die Möglichkeit neuer Handelsrouten eröffnen, die den russischen und iranischen Einfluss in der Region schwächen könnten.«

Doch 1999 war klar, dass die Taliban uns niemals die Sicherheit bieten würden, die wir zum Schutz unserer fragilen Pipelines benötigen. Mit dem Auftauchen bin Ladens als Krieger Allahs wurden die Karten neu gemischt. Plötzlich galt es, andere Bündnisse zu schmieden. Die Regierung Bush griff nun (angeregt durch Sandy Berger?) die Idee eines Einmarsches in Afghanistan auf. Frederick Starr von der Johns Hopkins Universität schrieb am 19. Dezember 2000 in der *Washington Post*: »... die Vereinigten Staaten haben stillschweigend begonnen, sich jenen Stimmen in der russischen Regierung anzuschließen, die einen Militärschlag gegen Afghanistan fordern, und spielen mit dem Gedanken eines neuen Vorstoßes gegen Osama bin Laden.« Das war im Dezember. Dann kamen der September und Oktober ... UNOCAL, *nous voilà*!

Ein unerwartetes Vergnügen in diesem Phantomkrieg waren die Auftritte unseres verschmitzten Verteidigungsministers Rumsfeld in der Rolle eines Fernsehkomikers. Seit dem Golfkrieg sind wir ja daran gewöhnt, dass Auslandskorrespondenten nicht vom Kriegsschauplatz berichten, sondern aus einem Presseraum des Pentagon, wo sie zusammengepfercht, vor laufenden Kameras, von Rumsfeld über den Löffel barbiert werden. Rumsfeld verfügt über ein breites Repertoire von Grimassen, die einen augenblicklich zum Lachen bringen. Seine Miene sagt alles Mögliche: Erstaunen – Ich dachte, ich wüsste über alles Bescheid. Wissen Sie, *ich* kann diese Frage nicht beantworten. *Sie* wissen ja, dass – bedauerndes Kopfschütteln. Werden Sie es denn nie begreifen – Achselzucken. Man hört förmlich das Klingeln der Schellen an seiner Kappe. Hochselektive Sprachhäppchen werden zur Selbstbedienung dargeboten, und die Korrespondenten tappen, was den Krieg angeht, weiterhin genauso im Dunkeln wie wir. Dank Europa – irgendwo hinterm Regenbogen – erhalten wir dennoch so manche Nachricht von der Front. Außerdem gibt es *USA Today*, wo es am 23. November 2001 hieß: »Der Kommandierende der US-Kampftruppen in Afghanistan erklärte am Donnerstag, die Ergreifung Osama bin Ladens sei nicht Teil des Auftrags der Operation *Enduring Storm*.«

All jene satanischen Geschichten sind damit auf einen Schlag verpufft. Als Erstes schießt einem der Gedanke durch den Kopf, dass der Kommandierende jetzt bestimmt um seinen Job bangen muss. Wir haben zu viele Kriege gegen einen nicht klar definierten Feind und ohne ein bestimmtes Ziel geführt, als dass wir uns einen weiteren solchen Krieg leisten könnten. Aber nein, das Szenario hat sich nur verlagert – von der Inkarnation des Bösen zu: »Wir haben nicht *gesagt*, dass Osama bin Laden ein Ziel dieser Aktion ist.« Bei seiner ersten Pressekonferenz im Pentagon seit Kriegsbeginn erklärte General Franks gegenüber Journalisten: »Uns geht es um die Zerschlagung des Al-Qaida-Netzwerks und ... der Taliban, die bin Laden und Al-Qaida Unterschlupf gewähren.«

Und ein dienstbarer Mitarbeiter ergänzte: »Wenn wir morgen früh erfahren würden, Osama bin Laden sei tot, heißt das nicht, dass wir in Afghanistan bereits fertig wären.« Wir sind zwar mit großem Getöse losgezogen, um uns an dem verrückten und sadistischen religiösen Eiferer zu rächen, der dreitausend Amerikaner ermordet hat, aber als dann der »Krieg« begonnen hatte, wurde die Person Osama bin Ladens bedeutungslos – so dass wir wieder bei der UNOCAL-Pipeline wären, die sich nunmehr im Bau befindet. Nach unserem heutigen Kenntnisstand ist es unwahrscheinlich, dass die Junta jemals die Absicht hatte, bin Laden *lebend* zu fangen. Schließlich hat er einiges zu erzählen. Heute geht eine von Rumsfelds besten Nummern so: »Wo ist er? Irgendwo? Hier? Dort? Irgendwo? Wer weiß das schon?« Und dann schenkt er uns sein hinreißendstes Augenzwinkern. Er ist gewiss über die Maßen erfreut – und erstaunt –, dass die Medien die absurde Geschichte geschluckt haben, bin Laden halte sich, falls noch am Leben, weiterhin in Afghanistan versteckt und warte nur darauf, dort aufgescheucht zu werden, anstatt es sich dreitausend Kilometer weiter östlich in einem komfortablen Haus in dem Osama-begeisterten Jakarta bequem zu machen, wohin er mit seinem Flying Carpet One leicht gelangen kann.

Viele Kommentatoren der älteren Generation haben darauf hingewiesen, wie sehr unsere Junta an das Hitler-Regime erinnert, wenn sie zuerst das eine Land beschuldigt, Terroristen Unterschlupf zu gewähren, und dann ein anderes. Es stimmt, dass Hitler gern so tat, als sei er der Angegriffene – oder der Bedrohte –, bevor er losschlug. Aber schon er hatte zahlreiche große Vorläufer, nicht zuletzt im Römischen Reich. Stephen Gowan zitiert in *War in Afghanistan: A $28 Billion Racket* Joseph Schumpeter, der »1919 das antike Rom in einer Weise beschreibt, dass man sich auf geradezu gespenstische Weise an die Vereinigten Staaten im Jahr 2001 erinnert fühlt: ›Es gab keinen Winkel der bekannten Welt, wo römische Interessen nicht angeblich bedroht waren oder gerade angefochten wurden; und wenn nicht die Interessen Roms, dann die seiner Verbündeten; hatte Rom keine Verbündeten, wurden welche erfunden ... Der Krieg erhielt stets den Anstrich von Legalität. Rom wurde stets von bösen Nachbarn angegriffen.‹« Wir haben die Römer nur darin übertroffen, dass wir aus Metaphern wie dem »Krieg gegen den Terrorismus«, gegen die Armut oder gegen Aids reale Kriege gegen oft – wie es scheint – willkürlich ernannte Widersacher gemacht haben, um in fremden Ländern Unruhe zu schüren.

Am 1. August 2002 wurden überall in Washington, D.C., Versuchs-ballons gestartet, um die Weltöffentlichkeit an den Gedanken zu ge-wöhnen, »Bush, Gebieter über Afghanistan« sei ein ebenso eindrucks-voller Titel wie der seines Vaters, »Bush, Gebieter über den Persischen Golf«. Der Junior setzte nun alles daran, seiner Herrscherwürde auch noch Irak-Babylon zu unterwerfen. Diese Versuchsballons stürzten über Europa und der arabischen Welt wie Bleigewichte zu Boden. Aber seit den Zeiten der römisch-hitlerischen Beschwörungsformeln – »Sie bedrohen uns, deshalb müssen wir zuerst angreifen« – ist etwas Neues hinzugekommen. Heute liegen die Karten mehr oder weniger offen auf dem Tisch. Der *International Herald Tribune* schrieb: »Am 5. Juli sickerte erstmals in der *New York Times* durch, das Pentagon erwäge einen Invasionsplan, dem zufolge der Irak von Norden, Sü-den und Westen mit einer Truppenstärke von bis zu 250 000 Mann angegriffen werden solle. Am 10. Juli hieß es in der *Times*, als Aus-gangsbasis für eine Invasion käme Jordanien in Betracht. Am 28. Juli berichtete die *Washington Post*, ›zahlreiche hochrangige US-Militärs behaupten, Präsident Saddam Hussein stelle keine unmittelbare Be-drohung dar ...‹«. Sie plädierten für die Aufrechterhaltung des Status quo. Hier handelt es sich im Übrigen um die Art von Debatte, die nach dem Willen der Gründerväter vom Kongress und eben nicht von Mi-litärbürokraten in unserem, des Volkes Namen, geführt werden sollte. Doch eine solche Debatte wird uns schon seit langem verwehrt.

In einer Art und Weise, die im imperialen Rom undenkbar gewesen wäre, wird nunmehr eine erfrischend neue Saite angeschlagen. Gut ge-launt gibt man zu, dass wir gewohnheitsmäßig zum Mittel der Provo-kation greifen: »Verteidigungsminister Donald Rumsfeld drohte allen, die diese Informationen haben durchsickern lassen, mit strafrechtlicher Verfolgung. Doch der pensionierte General Fred Woerner hält diese undichte Stelle nicht für einen Zufall. »Womöglich ist dieser Plan bereits voll im Gang«, meinte er kürzlich. »Handelt es sich etwa um eine gezielte psychologische Maßnahme, damit der Irak etwas tut, das einen US-Angriff rechtfertigt oder ihm Zugeständnisse abverlangt? Irgendjemand weiß es.« Das liegt auf der Hand.

An anderer Stelle dieser interessanten Ausgabe des *Herald Tribune* schreibt der gescheite William Pfaff (der viel zu gescheit und zu prinzipientreu ist, um in einer New Yorker Zeitung schreiben zu dürfen): »Eine zweite Debatte in Washington dreht sich um die Frage, ob man unprovoziert den Iran angreifen soll, um dort einen Atomreaktor zu zerstören, der mit russischer Hilfe gebaut, von der Internationalen Atomenergiebehörde kontrolliert wird und den Bestimmungen des Atomwaffensperrvertrags entspricht, den der Iran unterzeichnet hat ... Keine andere Regierung der Welt würde eine solche Aktion unterstützen – bis auf Israel, und zwar nicht, weil es einen iranischen Angriff befürchtet, sondern weil es, durchaus mit einiger Berechtigung, Atomkraft in den Händen einer islamischen Regierung ablehnt.«

4

»Von allen Feinden der öffentlichen Freiheit ist Krieg wohl derjenige, den man am meisten zu fürchten hat, denn er birgt und entwickelt den Keim für alles andere. Indem der Krieg Armeen schafft, führt er zu Schulden und Steuern – die bekannten Mittel, um die Vielen unter die Herrschaft der Wenigen zu bringen. Zudem verleiht der Krieg der Exekutive noch mehr Machtbefugnis ... und vereint alle Mittel, dem Volk nicht nur seine Macht zu rauben, sondern auch seinen Geist zu verführen.« Diese Warnung sprach James Madison in den Anfangstagen unserer Republik aus.

Dank der »Herrschaft der Wenigen« sehen nach dem 11. September Kongress und Medien stumm zu, wie die Exekutive mittels Propaganda und zurechtgebogener Meinungsumfragen den Geist der Öffentlichkeit verführt, während bis dahin undenkbare Machtzentren wie die Heimatschutzbehörde entstehen und vier Prozent der Bevölkerung für das zivile Spitzelsystem TIPS rekrutiert werden, um jeden zu denunzieren, der verdächtig aussieht oder gegen das opponiert, was sich die Exekutive im In- und Ausland erlaubt.

Jedes Land weiß, wie es sich – vorausgesetzt, es hat die Mittel und den Willen dazu – vor Gangstern jener Art schützen kann, die uns den 11. September beschert haben, aber Krieg ist hierbei keine Option. Kriege werden gegen Länder geführt, nicht gegen Banden heimatloser Gangster. Man setzt eine Belohnung auf ihren Kopf aus und jagt sie. In den vergangenen Jahren ist Italien gegen die sizilianische Mafia so vorgegangen; und bisher hat niemand den Vorschlag gemacht, Palermo zu bombardieren.

Doch die Cheney-Bush-Junta möchte einen Krieg, um Afghanistan zu beherrschen, eine Ölleitung zu bauen, für ihre Geschäftspartner die Kontrolle über die Ölreserven der eurasischen »Stan-Staaten« zu gewinnen und dem Irak und Iran möglichst großen Schaden zuzufügen – mit der Begründung, diese Schurkenstaaten könnten eines Tages unsere goldenen Getreidefelder mit Anthrax oder sonst etwas verseuchen.

Die Medien, die noch nie gut im Nachdenken waren, werden immer kurzatmiger und argumentieren immer zusammenhangloser. Auf CNN fing sogar der ansonsten stoische Jim Clancey zu hyperventilieren an, als ein indischer Wissenschaftler darzulegen versuchte, dass der Irak im Krieg gegen unseren satanischen Feind Iran einst unser Verbündeter und »Freund« gewesen war. »Bitte kein solches Verschwörungszeugs«, knurrte Clancey. Offenbar ist heute »Verschwörungszeugs« die Kurzformel für »unaussprechliche Wahrheit«.

Im August wuchs, zumindest unter Ökonomen, die einhellige Ansicht, dass wir angesichts unserer riesigen Staatsschulden (wir leihen uns tagtäglich zwei Milliarden Dollar, um die Staatsgeschäfte am Laufen zu halten) und der Steuersenkungen unserer Junta, von denen nur jenes eine Prozent profitiert, das die Mehrheit der Reichtümer des Landes besitzt, unmöglich die Milliarden aufbringen können, die nötig wären, um den Irak in einem »langen Krieg« oder auch in einem nur kurzen Krieg zu zerstören, während sich gleichzeitig ein Großteil Europas gegen uns stellt. Deutschland und Japan haben bereits den Golfkrieg nur widerwillig mitfinanziert, wobei Japan zu guter Letzt sogar einen ärgerlichen Streit über den Wechselkurs zum Zeitpunkt des Vertragsabschlusses führte. Jetzt sagt Schröder in Deutschland nein. Und Japan sagt gar nichts.

Aber die Eintrommler fordern weiter Vergeltung. Und dass sich ein Großteil der Welt gegen unseren Krieg ausspricht, scheint bei Bush sen. von der Carlyle Group, Bush jr. von Harken, Cheney von Halliburton, Condoleezza Rice von Chevron und Rumsfeld von Occidental lediglich hektische Flecken auf den Wangen hervorzurufen. Wenn es je eine Regierung gab, die ihre Finger vom Geschäft mit der Energieversorgung lassen sollte, dann die gegenwärtige Junta. Aber sie unterscheidet sich nicht von anderen Regierungen in unserer Geschichte. Ihr Herz ist offenkundig anderswo, nämlich beim Geldverdienen, weit weg von unseren nachgeäfften römischen Tempeln – und uns bleiben leider nur ihre Köpfe, die vom Krieg träumen, vorzugsweise gegen schwache, unbedeutende Staaten.

Der Ägypter Mohammed Hekal, als Journalist ein glänzender Beobachter, zudem Ex-Außenminister, erklärte am 10. Oktober 2001 gegenüber dem *Guardian*: »Bin Laden verfügt nicht über die Fähigkeiten für eine Operation dieser Größenordnung. Wenn ich Bush über Al-Qaida reden höre, als wäre es Nazideutschland oder die Kommunistische Partei der Sowjetunion, muss ich lachen, weil ich weiß, wie es sich tatsächlich verhält. Bin Laden wurde jahrelang überwacht. Jedes seiner Telefongespräche wurde aufgezeichnet, und Al-Qaida war vom amerikanischen, pakistanischen, saudi-arabischen und ägyptischen Geheimdienst infiltriert. Sie hätten keine Operation geheim halten können, die ein solches Maß an ausgeklügelter Organisation erfordert.« Eckart Werthebach, ehemals Präsident des Deutschen Bundesamtes für Verfassungsschutz, findet noch deutlichere Worte (*American Free Press*, 4. Dezember 2001): Die Angriffe vom 11. September, so Werthebach, erforderten »jahrelange Planung«, und das Ausmaß der Angriffe legte den Schluss nahe, dass sie das Ergebnis »staatlich organisierter Aktionen« waren. Da haben wir es. Vielleicht hatte Bush doch Recht, von Krieg zu sprechen. Aber *welches* Land hat uns angegriffen?

Verdächtige bitte vortreten. Saudi-Arabien? »Nein, nein. Schließlich zahlen wir euch 50 Millionen Dollar pro Jahr für die Ausbildung der königlichen Leibwache auf unserem heiligen, wenngleich trockenen Boden. Es stimmt zwar, dass das Königreich viele reiche und gut ausgebildete Feinde hat, aber ...« Bush sen. und jr. tauschen einen wissenden Blick. Ägypten? Auf keinen Fall. Völlig bankrott, trotz US-amerikanischem Bakschisch. Syrien? Keine finanziellen Mittel. Der Iran? Viel zu stolz, um sich mit einem Parvenü wie den USA abzugeben. Israel? Sharon ist zu allem fähig. Aber es fehlt ihm der Mumm und die Würde eines echten Selbstmordattentäters. So oder so, Sharon war noch gar nicht an der Macht, als diese Operation vor fünf oder sechs Jahren damit begann, in US-amerikanischen Flugschulen »Schläfer« zu platzieren. Die Vereinigten Staaten? Bestimmte Elemente in der amerikanischen Wirtschaft sind nicht nur »auf einen massiven Angriff von außen« erpicht, der uns ermöglichen würde, unter Aushebelung der bürgerlichen Freiheitsrechte in den Krieg zu ziehen, wann immer es der Präsident für richtig hält. (Die 342 Seiten des *USA Patriotic Act* waren offenkundig bereits vor dem 11. September ausformuliert.) Aber jetzt kichern Bush sen. und jr. Warum? Weil damals Clinton am Ruder war. Der ehemalige Präsident tritt aus den Reihen der Verdächtigen vor und sagt − eher verärgert als bekümmert: »Als wir das Weiße Haus räumten, hatten wir einen Plan für einen umfassenden Krieg gegen Al-Qaida. Wir haben den Plan an diese Regierung hier weitergegeben, aber sie hat nichts unternommen. Warum nicht?« Er beißt sich auf die Lippen und tritt ab. Die Bushs kichern jetzt nicht mehr. Pakistan hält es nicht länger aus: »Ich war es! Ich gebe es zu! Ich konnte nicht anders. Helft mir. Ich bin ein Bösewicht.«

Offenbar hat Pakistan es getan − jedenfalls zum Teil. Wir müssen jetzt ins Jahr 1979 zurückgehen, als nach dem sowjetischen Einmarsch in Afghanistan »die größte verdeckte Operation in der Geschichte der CIA« stattfand. Ahmed Rashid, Experte für Zentralasien, schrieb im November/Dezember 1999 in *Foreign Affairs*: »Mit aktiver Unterstützung durch die CIA und den pakistanischen Geheimdienst ISI (Inter Services Intelligence), die aus dem afghanischen Dschihad den globalen Krieg aller islamischer Staaten gegen die Sowjetunion machen wollten, beteiligten sich zwischen 1982 und 1992 etwa 35 000 radikale Muslime aus 40 islamischen Ländern am Kampf in Afghanistan ... mehr als 100 000 radikale Muslime in anderen Ländern wurden unmittelbar vom afghanischen Dschihad beeinflusst.« Die CIA trainierte und unterstützte diese Krieger insgeheim.

Im März 1985 erließ Präsident Reagan die *National Security Decision Directive 166* zur Erhöhung des Militärbudgets, und CIA-Spezialisten trafen sich in der Nähe von Rawalpindi in Pakistan mit ihren Kollegen vom ISI. *Jane's Defense Weekly* (14. September 2001) liefert hierzu die beste Zusammenfassung: »Die Ausbilder stammten hauptsächlich aus dem pakistanischen Geheimdienst Inter Services Intelligence (ISI), die ihr Handwerk bei den amerikanischen Green-Beret-Kommandos und den Navy Seals in verschiedenen US-amerikanischen Trainingslagern gelernt haben.« Das erklärt die Weigerung der Regierung, Auskunft zu geben, weshalb über einen so langen Zeitraum so viele eigentlich unerwünschte Personen Einreisevisa in unser gastliches Land erhielten. In Pakistan wurden »von der pakistanischen Armee und unter der Aufsicht von Elitespezialeinheiten afghanische [Eiferer] in Massen ausgebildet ... 1988 gründete mit dem Wissen der Amerikaner bin Laden die Organisation Al-Qaida (›Die Basis‹), ein Zusammenschluss mehr oder weniger unabhängiger islamistischer Terrorzellen aus etwa 26 Ländern. Washington drückte gegenüber Al-Qaida ein Auge zu.«

Am 4. September 2001 berichtete der Londoner *Daily Telegraph* von einem Besuch des Chefs des pakistanischen Geheimdienstes ISI, General Mahmud Ahmed, in Washington. Am 10. September hieß es in der pakistanischen Tageszeitung *The News*: »Der einwöchige Aufenthalt des ISI-Chefs Mahmud in Washington hat Spekulationen über Sinn und Zweck seiner mysteriösen Treffen im Pentagon und im Nationalen Sicherheitsrat genährt ... Offiziellen Angaben des Außenministeriums zufolge handelt es sich um einen Routinebesuch im Anschluss an den Besuch des CIA-Chefs George Tenet in Islamabad. Offizielle Quellen bestätigen ein Treffen mit Tenet diese Woche.« Weitere Einzelheiten wurden nicht mitgeteilt. Doch dann wurde am 8. Oktober Mahmud als Geheimdienstchef in den vorzeitigen Ruhestand entlassen. Die indische *Times* lieferte als Erste die Begründung: »Maßgebliche Quellen bestätigten am Dienstag, dass der General sein Amt deswegen verlor, weil Indien ›Beweise‹ für seine Verbindungen zu einem der Selbstmordattentäter vorgelegt hat, die das World Trade Center zerstörten. Die US-Behörden drängten auf seine Absetzung, nachdem bestätigt wurde, dass auf Veranlassung von General Mahmud durch Ahmad Umar Sheikh 100 000 Dollar aus Pakistan an den Flugzeugentführer Mohammed Atta überwiesen wurden.«

Mohammed Atta stand, wie wir heute wissen, an der Spitze der neunzehn Männer, die am 11. September 2001 die vier Flugzeuge entführten. Er kam um, als die erste Maschine in den Turm des World Trade Center raste. Warum hat ihm General Mahmud bei seinem Besuch in Washington Geld geschickt?

Das ist gewiss eine der vielen Fragen, die beim anstehenden Amtsenthebungsverfahren George W. Bush jr. gestellt werden. Hoffen wir, dass ihm sein Boss Cheney die Pakistan-Connection erklärt hat.

Als Mohammed Attas Flugzeug in das World Trade Center raste, unterhielt sich Bush in einer Grundschule in Florida mit einem Mädchen über ihren Ziegenbock. Zufällig stammt unser Wort »Tragödie« aus dem Griechischen: »Tragos« heißt so viel wie »(Ziegen-)Bock«, »ode« so viel wie Lied oder Gesang. »Bocksgesang«. Es fügt sich ausgezeichnet, dass diese Klage, die in den antiken Satyrspielen dargebracht wurde, genau in dem Augenblick wieder erklang, als uns vom Himmel herab ein Feuersturm traf und eine Tragödie für uns ihren Anfang nahm, deren Ende nirgendwo in Sicht ist.

Wie wir den Tanz am Samstagabend verpassten

Aus der Musikbox tönt Duke Ellington: »Missed the Saturday dance, heard they crowded the floor, duh duh duh-duh ...« Ich schaffe es zwar einigermaßen, mir eine Melodie zu merken, aber die Texte entfallen mir regelmäßig, sogar die erhebenden Verse unserer Nationalhymne. Dieser Song und seine Melodie jedoch gehen mir seit einem halben Jahrhundert nicht mehr aus dem Kopf, seitdem ich ihn in einem Tanzschuppen neben der Kaserne, wo ich stationiert war, gehört habe.

Als frisch gebackener Exeter-Absolvent hatte ich mich mit siebzehn freiwillig zur Armee gemeldet. Das war ein Jahr nachdem sich George Bush, frisch gebackener Andover-Absolvent, freiwillig zur Marine gemeldet hatte. Das Entscheidende aber war, dass sich mein bester Freund aus meiner Schule in Washington, D.C., zum Marine Corps meldete. Im Duke-College war er »auf der sicheren Seite« gewesen: Er hatte einen Vertrag als Profi-Baseballspieler für die Zeit nach dem Krieg in der Tasche. Aber auch er hielt es für seine Pflicht, in den Krieg zu ziehen. So wurde er bei der Dritten Marine-Division im Pazifik als Kundschafter und Aufklärer eingesetzt. In Guam erlebte er Gefechte. Er wurde der »Operation Detachment« zugeteilt und nach Iwo Jima verfrachtet, einer kahlen Insel, wo sich die Japaner in Tunnels verschanzt hatten.

Am 19. Februar 1945, nach einem langen und ziemlich nutzlosen Luftbombardement, landeten die Marines auf Iwo Jima. Die Japaner hatten sich unter dem Erdboden außer Reichweite gebracht. Am neunten Tag nach Invasionsbeginn legten Einheiten der Dritten Division an der inzwischen schon reichlich bevölkerten Insel an, einem acht Quadratmeilen großen Flecken aus Vulkanasche und Felsgestein. Wie der Schädel eines prähistorischen Brontosaurus erhebt sich der Mount Suribachi über das fünfeinhalb Meilen lange Eiland. Kürzlich habe ich mir alte Wochenschau-Aufnahmen damit angesehen, die inzwischen aus einer so weit zurückliegenden Zeit zu stammen scheinen wie Bradys Fotos aus Antietam; dabei sind mir diese Bilder so gegenwärtig, als wären sie erst gestern entstanden, obwohl ich selbst gar nicht auf Iwo Jima war, sondern auf einer anderen Pazifikinsel, weit oben im Norden im Beringmeer. Es dauerte einen Monat, bis Iwo Jima erobert war. Zwanzigtausend Japaner kamen dabei um; 6821 amerikanische Soldaten, vor allem Marines, verloren das Leben. Am zehnten Tag nach Invasionsbeginn, am 1. März 1945 um vier Uhr fünfzehn morgens, wurde der Gefreite James Trimble von einer Granate zerfetzt und war auf der Stelle tot. Er war neunzehn Jahre alt. Bush und ich überlebten.

Es passt irgendwie zu unserer Generation – *der* Kriegsgeneration, für die wir uns mit vielleicht ein wenig zu viel Stolz halten –, dass sie offiziell wie versicherungsstatistisch mit der Ablösung George Bushs durch einen Mann zu Ende gehen soll, der sein – unser – Sohn sein könnte. Ich sage, »es passt«, weil unsere Generation, die das amerikanische Imperium durch Kampf gewann, irgendwie in Bushs Werdegang recht gut verkörpert wird, schließlich hat er diesem Imperium mit entschlossener Unbekümmertheit gedient und es, wie seine Vorgänger, stets geschafft, an jeder Gabelung auf dem Weg unserer imperialen Bestimmung die falsche Richtung einzuschlagen.

An anderer Stelle schrieb ich einmal, dass das goldene Zeitalter Amerikas nur fünf Jahre lang dauerte, von Kriegsende 1945 bis 1950, als der Koreakrieg begann. In dieser Zeitspanne blühten die Künste, und diejenigen von uns, die ihre Jugend versäumt hatten, versuchten sie damals nachzuholen. Aber mittlerweile war – ohne dass wir es merkten – die Führungsriege des neuen Weltimperiums im Weißen Haus eifrig damit beschäftigt, die Republik, für die wir gekämpft hatten, insgeheim durch einen nationalen Sicherheitsstaat zu ersetzen, der sich dem immer währenden Krieg gegen den Kommunismus im Allgemeinen und die Sowjetunion im Besonderen verschrieben hatte. Es stimmt, dass Harry Truman und die anderen aus unserer Führungsriege befürchteten, ohne die Aufrechterhaltung des Kriegszustandes würde uns wieder eine Große Depression drohen, die erst zu Ende ging, als uns die Japaner in Pearl Harbor angriffen und daraufhin alle in den Krieg oder in den Arbeitseinsatz zogen. Es gehört zu unseren nationalen Mythen, dass dieser Angriff nicht provoziert war. In Wahrheit hatten wir seit Anfang des Jahrhunderts einem Krieg gegen Japan entgegengefiebert. Gehörte der Pazifik – und eigentlich ganz Asien – etwa ihnen und nicht uns? Ursprünglich hatten die Japaner im Sinn gehabt, das asiatische Festland zu erobern. Aber als es danach aussah, als würden wir ihnen den Zugang zum südostasiatischen Öl verwehren, griffen sie an. Andernfalls wären wir nie in den Krieg gezogen, weder im Pazifik noch in Europa.

Ich wurde acht Jahre nach dem Ende des Ersten Weltkriegs geboren. In meiner Kindheit erinnerte man sich noch sehr gut daran, dass wir bei diesem Krieg in Europa nichts gewonnen hatten außer einem Anschlag auf unsere Bill of Rights zu Hause und natürlich dem edlen Experiment, der Prohibition. Junge Leute fragen mich oft erstaunt, weshalb sich so viele von uns 1943 zum Kriegsdienst gemeldet hatten. Ich antworte ihnen dann, dass wir nach dem Angriff auf Pearl Harbor die Pflicht hatten, unser Vaterland zu verteidigen. Aber ich sollte hinzufügen, dass uns im Unterschied zu 1917, als Millionen von Jungs begierig darauf waren, gegen die »Hunnen« loszuschlagen, jede Kriegsbegeisterung fehlte. Wir waren fatalistisch. In meiner dreijährigen Armeezeit erlebte ich nicht ein einziges Mal, dass ein Soldat irgendeine patriotische Empfindung geäußert hätte, eher das Gegenteil, wenn wir sahen, wie Leute wie Errol Flynn auf der Leinwand den Kampf um die Freiheit gewannen, oder, schlimmer noch, wenn John Wayne, den wir unter seinem wirklichen Namen Marion kannten und der – um es mal deutlich zu sagen – der archetypische Kriegsdienst-Drückeberger war, im Film einen Flying Tiger mimte.

Wir waren zwar keine begeisterten Soldaten, aber den Feind hassten wir aus vollem Herzen. Nach unserer Überzeugung waren die »Japsen« Untermenschen; und die Grausamkeiten, die wir an ihnen verübten, entsprachen ziemlich genau dem, was sie uns antaten. Ich war im pazifischen Operationsgebiet im Einsatz, wo nicht nur ein imperialistischer Krieg, sondern auch ein Krieg der Rassen stattfand: Die weiße Rasse kämpfte gegen die gelbe Rasse, und die Krone würde uns zufallen, weil wir die überlegene Rasse auf Erden waren, so hatte man es uns zumindest eingebläut. Einer der hässlichsten Aspekte dieses Krieges war die rassistische Klischeebildung auf beiden Seiten. Vor den Deutschen hatten wir Respekt und sogar Angst. Da in unseren Streitkräften die Schwarzen und die Frauen säuberlich von den Übrigen getrennt waren, erschien uns der Zweite Weltkrieg buchstäblich als die Bürde des weißen Mannes.

Während also oben auf Deck das goldene Zeitalter in der Sonne leuchtete, erfand unten im Maschinenraum die Führungsriege das »Verteidigungs«-Ministerium und den Nationalen Sicherheitsrat mit seinen geheimen, nicht verfassungskonformen Verordnungen und die ebenfalls nicht verfassungskonforme CIA, die – wie Allen Dulles unbekümmert eingestand – dem Vorbild des sowjetischen NKWD nachempfunden war. Wir hatten uns, ohne öffentliche Debatte darüber, plötzlich einem niemals endenden Krieg verschrieben, obwohl die Führungsriege genau wusste, dass der Feind uns weder wirtschaftlich noch militärisch das Wasser reichen konnte. Aber dank der nimmermüden »Desinformation« durch die CIA schafften sie es, uns weiszumachen, dass das, was schwach war, stark sei und die Russen mit Sicherheit kommen würden. »Baut euch im Garten Schutzbunker gegen den bevorstehenden Atomkrieg!« Eine ganze Generation wurde durch und durch traumatisiert.

Der Koreakrieg raubte uns den Titel des unbezwingbaren Weltmeisters im militärischen Schwergewicht. Vielleicht wäre uns der Nimbus erhalten geblieben, hätten wir von diesem exzentrischen Krieg (den wir als »Polizeieinsatz« ausgaben) die Finger gelassen, aber inzwischen hatten wir die Macht der Sowjetunion im Verbund mit China bereits so groß geredet, dass uns nichts anderes übrig blieb, als von einer sinnlosen militärischen Konfrontation in die andere zu stolpern.

Leider war Kennedy weniger praktisch (im zynischen Sinn) veranlagt als die, welche an der »Erschaffung« des Imperiums, wie Dean Acheson es nannte, beteiligt waren. Kennedy nahm ihr Wortgeklingel für bare Münze oder tat zumindest so. Ihm gefielen Phrasen wie die von »dieser Zeit der Dämmerung«. Er glaubte an die Dominotheorie. Er war zuversichtlich, »jede Bürde zu schultern«. Er drang in Kuba ein und scheiterte. Er verlagerte seine Aufmerksamkeit auf Asien, um »China einzudämmen«, indem er sich in den Bürgerkrieg in Vietnam einmischte, wo eine Mehrheit bereits für den Kommunisten Ho Chi Minh gestimmt hatte, der wiederum mit einem Verweis auf Jefferson Eisenhower ersuchte, Vietnam unter amerikanischen Schutz zu stellen. Aber wie Ike in seinen Memoiren erklärte, war dies undenkbar: denn das waren ja *Kommunisten*.

Im Juni 1961 setzte Kennedy die schnellste Aufrüstung seit Pearl Harbor in Gang. Er ließ auch Deutschland wieder bewaffnen, was in der Sowjetunion die Alarmglocken auslöste. Daraufhin verweigerten uns die Sowjets den Transit zu unserem Sektor von Berlin. Kennedy reagierte mit einer kriegerischen Rede und beschwor die »Berlin-Krise« als Weltkrise herauf. Als Antwort ließ Chruschtschow die Mauer errichten. Es war, als hätten wir mit Hilfe eines Krieges ein trübes Zwielicht in einen leuchtenden nuklearen High noon verwandeln wollen.

Die Raketenkrise in Kuba war der nächste Schritt, und wir waren dabei die Provokateure. Anschließend schlugen wir mit dem Vietnamkrieg nicht nur den falschen Weg ein, sondern verrannten uns vollständig und führten den längsten Krieg unserer Geschichte in einer Region, an der wir keinerlei strategisches Interesse hatten, sofern wir nicht offen erklärten, wovon die Führungsriege damals wie heute felsenfest überzeugt ist: dass die Vereinigten Staaten die Herren der Welt seien, weshalb jeder, der uns herausfordert, mit Napalm bombardiert, mit einer Blockade belegt oder in einer verdeckten Operation ausgeschaltet wird. Wir stehen jenseits des Gesetzes, was für ein Imperium nicht ungewöhnlich ist; leider stehen wir auch jenseits des gesunden Menschenverstandes.

Das einzige Thema außer dem Staatsdefizit, das bei der letzten Wahl hätte diskutiert werden sollen, war der Militäretat. Aber weder Bush noch Clinton haben das auch nur erwogen. Am Ende werden wir uns nicht mehr genügend Geld zusammenborgen können, um uns gegenüber immer schwächeren Ländern etwas einzubilden; aber dank der vielen Selbstmordunternehmungen jener im Zweiten Weltkrieg geformten imperialen Generation wird unser Land bis dahin längst weniger geteilt als vielmehr zersplittert sein.

Der jüngste Trick der Führungsriege bestand darin, durch Bekundungen des Bedauerns etwas zu fördern, das man als »political correctness« bezeichnet, die neue Volksbelustigung unserer Tage. Kann man sich – um die Leute davon abzulenken, was die Führungsriege mit den kürzlich bewilligten sage und schreibe 3,8 Milliarden Dollar für das SDI-Programm im Schilde führt – etwas Schlaueres ausdenken, als die Geschlechter, die Rassen und die Religionsgemeinschaften gegeneinander auszuspielen? Wenn jeder gegen jeden zum Kampf bläst, hat niemand mehr Zeit, gegen das ruinös teure Imperium in Harnisch zu geraten, das Mr. Clinton und die – ein hässliches Wort – so genannten Babyboomer geerbt haben. Da kann ich ihnen nur Glück wünschen.

Es gibt Leute, die angesichts des Zweiten Weltkriegs in Gefühlen schwelgen. Zu denen gehöre ich nicht. Es kann keinen »guten Krieg« geben. Wir haben eingegriffen, um Deutschland und Japan daran zu hindern, Weltmacht zu werden. Inzwischen sind sie bekanntlich wirtschaftlich Weltmächte, während wir uns mit unseren vier Billionen Dollar Schulden zu Argentinien und Brasilien an die Abbruchkante gesellen. Alles in allem war der berühmte gute große Krieg, der uns das Imperium einbrachte, welches wir in der Folgezeit herunterwirtschafteten, wohl kaum den Tod des Gefreiten James Trimble wert und noch weniger den Tod vieler Millionen anderer.

Soeben habe ich mir die Originalaufnahme von Duke Ellington

angehört. Hier der Text, der mir immer wieder entfällt: »Missed the Saturday dance, heard they crowded the floor, couldn't bear it without you, don' get around much anymore.« – »Hab den Tanz am Samstag verpasst, hörte, dass es ziemlich voll war, konnte es ohne dich nicht aushalten, komm nicht mehr so viel herum.« Alles in allem tut es der Welt gut, dass mit Bushs Abgang *wir* nicht mehr so viel herumkommen. Somalia und Bosnien könnten die letzten unserer glorreichen Einsätze gewesen sein, produziert von CNN und insoweit sponsorenlos. Vielleicht wird es jetzt, ohne uns, Clintons Generation zum samstäglichen Tanz schaffen, den wir verpasst haben. Und hoffen wir, dass die Tanzfläche nicht zu sehr mit geschäftlichen Konkurrenten, wenn schon nicht mit Nebenbuhlern um Liebe und Tod, bevölkert ist.

Newsweek
11. Januar 1993

Das letzte Imperium

Es ist eine große Freude, meine Damen und Herren, Sie alle hier auf einem Fleck versammelt zu sehen, auf diesem Jahrmarkt der Eitelkeiten in der Stadt, die der alte John Bunyan *Vanity* nannte. Nicht London oder New York verkörpern heute diese Stadt, sondern das globale Dorf selber, in dem in diesem Monat Sie am Drücker sind und auch unter Druck (ich weiß, wie du dich fühlst, Yassir). Es ist passend, in mehr als einer Hinsicht, dass wir uns auf diesem alten Jahrmarkt treffen, während sich sowohl das 20. Jahrhundert wie auch das zweite christliche Jahrtausend anschicken, uns Lebewohl zu sagen. Was mich betrifft, so war ich eigentlich überzeugt, dass die beiden sich niemals verabschieden würden, ohne uns mit sich zu nehmen. Aber sie haben ja noch 791 Tage Zeit. Ich sehe auch, dass die Fotografen eine Reihe von lächelnden Mündern verewigt haben. Ein Ausdruck der Freude? Oder haben jene Anthropologen Recht, die die Entblößung der Zähne beim Menschen für eine Geste halten, die Aggression signalisiert? Hoffen wir, dass sie nicht vor 2001 zum Ausbruch kommt.

Natürlich sind Jahrhunderte und Jahrtausende ganz willkürliche Markierungen, nicht aussagekräftiger als die Buchhaltung bei Paramount Pictures. Und doch sind sie von großer symbolischer Bedeutung für all jene, die sich fragen, warum wir heute so sind, wie wir sind, und warum wir tun, was wir tun. Das gilt besonders für diejenigen unter den Großen am Drücker, die einen wesentlichen Teil dieses Jahres auf Tagungen verbringen mussten, die ihnen die einzige unvernichtbare Nation dieser Erde eingebrockt hat, das Herzland der Atomsprengköpfe, Militärs und Schulden.

Denver und Madrid waren zwei Schauplätze des Jahrmarkts. Viel kommt nie dabei heraus, wenn der Generaldirektor dieser Welt seine Bezirksleiter zu Jux und Dollerei einlädt. Doch als Clinton für Denver ein Cowboy-Thema vorgab und alle ihre Westernstiefel bekamen, wagten es einige der Bezirksleiter tatsächlich, die Miene zu verziehen. Macht nichts, sie sind leicht ersetzbar, und sie wissen das auch. In Madrid beschlossen dann die sieben führenden Wirtschaftsmächte (plus Russland), die Nordamerikanisch-Atlantische Verteidigungsorganisation für die Polen, Tschechen, Ungarn zu öffnen. Jacques Chirac, der französische Bezirksleiter des ..., nun, nennen wir das Kind beim Namen: amerikanischen Imperiums wollte noch einigen weiteren östlichen Staaten den Beitritt ermöglichen, während der russische Bezirksleiter keiner Osterweiterung einer militärischen Allianz zustimmen mochte, von der er irrigerweise noch immer annimmt, sie wäre zum Schutz des östlichen Europas vor der machtgierigen Sowjetunion gegründet worden. Tatsächlich wurde die NATO, wie wir gleich sehen werden, nur geschaffen, um den USA die militärische, politische und wirtschaftliche Vorherrschaft über das *westliche* Europa zu sichern. Die aktuellen Erweiterungen bedeuten nichts anderes, als dass weitere Völker und Regionen unter amerikanische Kontrolle geraten, was amerikanische Wähler polnischer, tschechischer oder ungarischer Abstammung ohne Zweifel erfreuen wird. Vom französischen Bezirksleiter hörte man das Wort *merde,* als der amerikanische Imperator verkündete, es würden für diesmal nur drei neue Länder zugelassen. Keiner hörte auf den Franzosen, schließlich hatte er zu Hause ja auch gerade eine Wahl verloren. Jedenfalls kann man die Nordatlantische Konföderation aus den USA, Kanada und Westeuropa ab jetzt Nordatlantische Ostsee-Donau-Organisation nennen, und ohne Zweifel wird das Schwarze Meer diesem Namen bald hinzugefügt.

Ich sehe, dass einige von Ihnen unruhig werden. Die Vereinigten Staaten ein *Imperium*? Die Einflüsterer des Imperators glucksen verstohlen, wenn sie so etwas hören. Sind wir denn nicht die perfekte, freiheitsliebende Demokratie, die dem alten Europa mit ihrer Ökonomie auf dem neuesten technischen Stand nur demonstrieren will, wie leicht man den Wenigen zu noch mehr Geld verhelfen kann, wenn man lästige Störer wie die Gewerkschaften eliminiert und auf dekadenten Luxus eines öffentlichen Gesundheits- und Erziehungswesens verzichtet? In Denver fragten sich der französische Bannerträger – immer diese vorlauten Franzosen –, wie verlässlich wohl unsere Arbeitslosenzahlen wären, wenn ein volles Zehntel der arbeitsfähigen männlichen Bevölkerung nicht gezählt wird, weil es entweder einsitzt oder nur unter Polizeiauflagen und zur Bewährung auf freiem Fuß ist. Der kanadische Premierminister, noch lästiger als der Franzose, wurde dabei belauscht, wie er in der Nähe eines eingeschalteten Mikrofons zu seinem belgischen Kollegen sagte, dass die Führer sämtlicher anderen Länder »längst im Gefängnis säßen«, wenn sie so offen Gelder von der Wirtschaft annähmen wie in Amerika üblich. Zugegeben, die Eingeborenen werden aufmüpfig. Aber immer noch sind wir es, die auf diesem Jahrmarkt das Sagen haben.

Ich erwähne das alles nicht, um irgendjemandem wehzutun. Ich möchte nur darauf hinweisen, dass diejenigen, die sich zu lange klaglos mit Widersprüchen abfinden, damit rechnen müssen, an der Realität zu scheitern, wenn sie sich eines Tages nicht mehr wegargumentieren lässt. Mein Leben überspannt nahezu drei Viertel dieses Jahrhunderts. Ich war siebzehn, als ich zur amerikanischen Armee ging; in den Pazifik geschickt wurde; nichts Nützliches tat – ich war nur zur Stelle, wie Nixon zu sagen pflegte, ALS DIE BOMBEN FIELEN. Doch genau genommen fielen die Bomben weder auf ihn noch auf mich: Er war Offizier bei der Marine und machte ein Vermögen beim Pokern, während ich Gefreiter bei der Armee war und an einem Roman schrieb.

Jetzt schreiben wir plötzlich das Jahr 1997 und »feiern« das fünfzigjährige Jubiläum der Truman-Doktrin und des Marshall-Plans. Und der 26. Juli, ein dunkler Gedenktag, markiert das fünfzigjährige Bestehen des National Security Acts, der die alte amerikanische Republik ohne große öffentliche Debatte, aber mit stillschweigender Unterstützung beider Kongressparteien, in einen Staatssicherheitsstaat verwandelte, der sehr viel mit dem weltumspannenden Imperium zu tun hat. Was einiges erklärt.

Aber erst eine Reise mit der Zeitmaschine.

Wir schreiben die Iden des August 1945. Deutschland und Japan haben kapituliert, und runde dreizehn Millionen Amerikaner sind auf dem Weg in die Heimat, wo sie – das war der kleinste gemeinsame Nenner – feiern wollen, dass sie noch am Leben sind. Die Heimat entpuppt sich als eine Art Rummelplatz, auf dem Feuerwerke gezündet werden und eine Kapelle »Don't Sit Under the Apple Tree« spielt und ein unendlich verlockender Vergnügungspalast seine Tore weit öffnet. Wir treten ein, durchwandern amüsiert die Spiegelkabinette, in denen die Besucher zu Witzfiguren verzerrt werden, rollen durch die verschiedenen Liebestunnel und machen eine Fahrt mit der Geisterbahn, in der Skelette, Spinnweben und Fledermäuse an uns entlangstreifen. Mit Gänsehaut und klopfendem Herzen begeben wir uns zum Ausgang, wollen wieder zurück in den Alltag. Doch zur Verblüffung einiger – und ohne sichtbare Reaktion bei den meisten – stellten wir fest, dass wir den Vergnügungspalast nie wieder ganz verlassen konnten. Er war zu einem Teil unserer Welt geworden, genauso wie die Kobolde, die da unter dem Apfelbaum sitzen.

Offiziell befanden die Vereinigten Staaten sich im Friedenszustand. Europa und Japan lagen zum großen Teil in Trümmern, oft im buchstäblichen Sinn, auf jeden Fall aber, was ihre Wirtschaft anbelangte. Wir waren die Einzigen, die unversehrte Städte und eine mehr oder minder blühende Wirtschaft aufweisen konnten – »mehr oder minder« deshalb, weil sie auf Rüstungsproduktion beruhte, und weit und breit war kein Krieg in Sicht, für den man hätte weiterrüsten müssen. Aber die Künste blühten auf, für kurze Zeit. *Die Glasmenagerie* kam auf die Bühne, Coplands *Appalachian Spring* wurde gespielt. Ein Film mit dem Titel *The Lost Weekend* – sehr passend für das, was wir hinter uns hatten – bekam einen Oscar, und der noch nicht aus dem Land gejagte Richard Wright veröffentlichte den viel gerühmten Roman *Black Boy*, während Edmund Wilsons *Memoirs of Hecate County* in Teilen des Landes wegen angeblicher Obszönität verboten wurde. Seltsamerweise gab es damals in jeder Stadt mindestens drei oder vier Tageszeitungen, und New York, die Welthauptstadt, brachte es auf angemessene siebzehn. Doch schon begann in einem Haushalt nach dem anderen das kalte, bläuliche Licht des Fernsehens zu flimmern, das nicht mehr aufhören sollte, die Welt als eine Art Vergnügungspalast in die Wohnzimmer zu projizieren.

Wer sich auf die – hässliches neues Wort – Medien einließ, musste bald feststellen, dass selbst während einer Sendung mit Milton Berle hin und wieder Geisterbahnen ins Bild kamen. Unterhalb der Schwelle der bewussten Wahrnehmung blitzten Skelette auf der Mattscheibe auf. Unserem Verbündeten im jüngsten Krieg, »Uncle Joe Stalin«, wie ihn der vom Tod ins Präsidentenamt gehobene Harry S. Truman genannt hatte, wuchsen Hörner und Vampirzähne, von denen Blut tropfte. Wir waren die einzige intakte Großmacht auf dem Erdball, besaßen als einzige Atomwaffen, und doch befanden wir uns plötzlich in furchtbarer Gefahr. Wie war das zugegangen?

Anlass des Ärgers schien Deutschland zu sein, das am 11. Februar 1945 auf der Konferenz von Jalta in vier Zonen aufgeteilt worden war: eine amerikanische, eine sowjetische, eine britische, eine französische. Weil die Russen die Hauptlast der Kämpfe getragen und die größten Verluste erlitten hatten, war man übereingekommen, ihnen in puncto Reparationen den Vortritt zu lassen – bis zu einem Gegenwert von 20 Milliarden Dollar. Bei der späteren Konferenz von Potsdam bekräftigte der neue Präsident Truman zusammen mit Stalin und Churchill die Vereinbarungen von Jalta und sprach sich für ein vereinigtes Deutschland unter der Hoheit der vier Siegermächte aus. Doch zwischen der Euphorie von Jalta und der Kälte von Potsdam war etwas vorgefallen. Als die Konferenz schon begonnen hatte, wurde in einer Wüste in Neumexiko erfolgreich die erste Atombombe gezündet. Wir waren jetzt in der Lage, Japan in einen Haufen strahlender Asche zu verwandeln – genauso die Sowjetunion, wenn's denn sein musste –, und konnten auf russische Unterstützung im Krieg gegen den Gottkaiser und seine Kamikazes verzichten. Wir rückten von unseren Vereinbarungen mit Stalin ab, vor allem, was die deutschen Reparationsleistungen anbelangte. Und wir beerdigten stillschweigend die in Jalta getroffene Vereinbarung, Deutschland unter der Viermächtehoheit geteilt bestehen zu lassen. Stattdessen wollten wir nun die drei Westzonen, zu einem Staat vereinigt, in unsere »freie Welt« integrieren und dabei auch die westdeutsche Wirtschaft wieder auferstehen lassen – daher weniger Reparationen. Als wir schließlich, ab Mai 1946, unsere Truppen in Deutschland zu verstärken begannen, fühlte Stalin sich betrogen und wurde wütend. Der Kalte Krieg war da.

In Amerika begannen die Massenmedien, die wenigen Aufmerksamen auf kommende Enttäuschungen vorzubereiten. Plötzlich hatten wir die höchste Einkommensteuer unserer Geschichte, mit deren Hilfe immer neue Waffen, darunter auch die Weltvernichtungsmaschine Wasserstoffbombe, produziert wurden – all das, weil die Russen kamen. Warum sie kamen oder womit, wusste keiner so recht. Waren sie nicht immer noch damit beschäftigt, ihre zwanzig Millionen Toten zu bestatten? Die offiziellen Erklärungen für all diese Widersprüche leuchteten nicht sonderlich ein, aber schließlich hatte Trumans Außenminister Dean Acheson ja auch fröhlich verkündet, dass »im Ministerium darüber diskutiert worden war, wie viel Zeit der mythische Durchschnittsamerikaner täglich aufwendet, um sich durch Zeitungslektüre, Radio hören und Gespräche über die Welt außerhalb seiner Heimat zu informieren ... Wir kamen zu dem Schluss, dass ein Durchschnitt von zehn Minuten pro Tag schon sehr hoch gegriffen wäre.« Warum also die Leute langweilen? Eine stillschweigende, »überparteiliche« Regierungsarbeit ist das Beste für eine Gesellschaft, die idealerweise aus fügsamen Arbeitern, fleißigen Konsumenten und gehorsamen Soldaten besteht, die für eine Aufmerksamkeitsspanne von zehn Minuten so gut wie alles glaubt. Der *National Security Act* und der militarisierte Überwachungsstaat, den er hervorbrachte; das

nordatlantische Verteidigungsbündnis; der vier Jahrzehnte während
Kalte Krieg – all das wurde beschlossen, ohne dass das amerikanische
Volk um seine Zustimmung, geschweige denn um seinen Rat gefragt
worden wäre. Natürlich gab es in dieser Zeit der Weichenstellungen
auch Wahlen, aber die Alternativen Truman/Dewey, Eisenhower/Ste-
venson oder Kennedy/Nixon waren keine Alternativen, wenn es darum
ging, den Kommunismus als vielarmigen, feindlichen Kraken, als den
Star in unserer Geisterbahn aufzubauen, um dann, zur Bekämpfung all
des Bösen, einen immer während Kriegszustand im Land auszuru-
fen, der Loyalitätseide, eine Wehrpflicht in »Friedenszeiten« und eine
Geheimpolizei mit sich brachte, die die heimischen »Verräter«, wie die
Gegner des Staatssicherheitsstaates genannt wurden, in Schach halten
sollte. Es folgten vierzig Jahre hirnloser Kriege, die eine Schuldenlast
von fünf Billionen Dollar anhäuften – Dollars, die größtenteils in die
Taschen von Luft- und Raumfahrtkonzernen und von Firmen wie General Electric wanderten, deren TV-Werbeträger Ronald Reagan sich
schließlich aufs Altenteil im Weißen Haus zurückzog.

Wozu all dies noch einmal durchkauen? Haben wir uns als die Vereinigten Staaten von Amnesien nicht glänzend geschlagen? Um unsere Wirtschaft beneidet uns die ganze Welt, wie Präsident Clinton in
Denver nicht müde wurde zu betonen. Keine Inflation. Arbeit für alle,
ausgenommen jene zwei Prozent der Bevölkerung, die in Haftanstalten
sitzen, und jene fünf Prozent, die keine Arbeit mehr suchen und daher
nicht gezählt werden, womit unsere wahre Arbeitslosigkeit in die Nähe
des düsteren europäischen Durchschnitts von elf Prozent rückt. Und
all das haben wir erreicht, ohne den kranken sozialistischen Irrlehren
Europas zu verfallen. Wir haben kein Gesundheits- und kein Erzie-
hungswesen, das diesen Namen verdienen würde, genau genommen
haben wir den Insassen unseres Vergnügungspalastes fast überhaupt
nichts zu bieten. Aber sie merken es nicht, denn sie müssen, Männer
wie Frauen, fast rund um die Uhr in mehreren Berufen arbeiten, um
sich und ihre Kinder zu ernähren, die unbeaufsichtigt zu Hause bleiben. Glücklicherweise bereitet der Kongress ein Gesetz vor, das es den
Strafanstalten für Erwachsene erlauben wird, auch schon Jugendliche

ab vierzehn Jahren in ihre Obhut zu nehmen. Um sie wird sich dann wenigstens jemand kümmern, genau wie in der Weltwirtschaft, für die es nur noch eine Frage der Zeit ist, bis der Grünspan den ganzen Globus bedeckt.

Gewiss beneiden uns europäische Banker um unsere machtlosen Gewerkschaften (nur vierzehn Prozent unserer Vergnügungssüchtigen haben das Privileg, gewerkschaftlich organisiert zu sein) und unsere abgemagerte und durchrationalisierte Industrie, die so *lean* produziert, dass den Minderqualifizierten nur unzumutbare Arbeiten in Dreck und Hitze bleiben. Dafür kommandieren wir andere Staaten herum. Wir sagen ihnen, mit wem sie Handel treiben dürfen und vor welchen unserer Gerichte sie sich zu verantworten haben, wenn sie uns nicht gehorchen. Unterdessen wirft das FBI sein Fahndungsnetz nach Drogensüchtigen und -händlern über den ganzen Erdball aus, und die verfassungswidrige CIA (die ihre Rechenschaftsberichte nicht, wie vorgeschrieben, dem Kongress vorlegt) hat sich, nachdem ihre ehemaligen Kollegen und Brötchengeber vom sowjetischen KGB den Laden zugesperrt haben, auf die weltweite Terroristenjagd verlegt.

Wir sind bei dem angekommen, was Tennessee Williams einmal einen Mond des Stillstands nannte. Als ich ihn fragte, was diese Wendung, von einer weiblichen Rolle in einem seiner Stücke gebraucht, bedeuten solle, beschied er mich hochmütig, es handle sich um »die wörtliche griechische Bedeutung von ›Menopause‹«. Ich erwiderte, das Wort Mond käme keineswegs von *menses* (was auf Lateinisch, nicht Griechisch, »Monat« bedeutet). »Und was heißt Mond dann auf Lateinisch?«, fragte er argwöhnisch. *Luna*, sagte ich ihm und wies noch darauf hin, wie viel Spaß er mit der Ableitung *lunatic* haben könne, doch er seufzte nur und wechselte das Thema. Doch zum Zeitpunkt der Konferenz von Madrid über die Osterweiterung der NATO schien »ein Mond des Stillstands« die treffende Formulierung für das veränderte Lebensgefühl in einem Imperium zu sein, das plötzlich keinen Feind und keine erkennbare Funktion mehr hat.

Während wir uns nach Kräften in unserem Vergnügungspalast

amüsierten, wurde draußen, ohne dass uns jemand über das Warum und Wozu aufgeklärt hätte, der Nordatlantikpakt geschmiedet. Am 17. März 1948 begründete der Vertrag von Brüssel die Allianz von Großbritannien, Frankreich und den Beneluxstaaten, der sich am 23. März die USA und Kanada anschlossen. Die treibende Kraft hinter der NATO waren von Anfang an die Vereinigten Staaten, deren Außenpolitik seit den Tagen George Washingtons vor allem anderen darauf abzielte, das zu verhindern, was Alexander Hamilton »strangulierende Bündnisse« genannt hatte. Nun, da angeblich die Russen vor der Tür standen, ersetzten wir unsere alte Republik durch den mit dem *National Security Act* geschaffenen Staatssicherheitsstaat und etablierten uns als die größte *europäische* Militärmacht westlich der Elbe. Keine Rede mehr von einem Deutschland in den alten Grenzen: Jetzt drangen wir auf eine dauerhafte Teilung des Landes in die drei Westzonen einerseits und die sowjetisch besetzte Zone im Osten. Gleichmütig brachen wir jede Vereinbarung, die wir mit unserem ehemaligen Verbündeten und jetzigen kommunistischen Erbfeind geschlossen hatten. Wer sich für Einzelheiten interessiert, findet in Carolyn Eisenbergs Studie *Drawing the Line (The American Decision to Divide Germany, 1944–49)* ein meisterhaftes Porträt eines Imperiums, das sich teils blindlings und teils mit höchstem Geschick formiert, indem es erst seine Verbündeten und dann seine ehemaligen Gegner wie Deutschland, Japan und Italien zu Vasallenstaaten macht, die in allen Dingen seinem militärischen und wirtschaftlichen Diktat unterworfen sind.

Obwohl die Sowjets weiterhin an den Absprachen von Jalta und sogar von Potsdam festhalten wollten, hatten wir einseitig entschieden, die westdeutsche Wirtschaft wieder aufzubauen, um das Land nach erfolgter Wiederbewaffnung in unser westliches Europa einzubinden, um auf diese Weise die Sowjetunion – die sich noch längst nicht vom Zweiten Weltkrieg erholt hatte und keine nuklearen Waffen besaß – weiter zu isolieren. Es war wiederum Acheson, der höchst elegant die Lügen begründete, die er dem Kongress und dem auf seine zehnminütige Aufmerksamkeitsspanne reduzierten Durchschnittsamerikaner auftischen musste: »Wenn wir unsere Argumente stark vereinfacht

52

haben, so unterscheiden wir uns hierin nicht von anderen Erziehern und hatten auch kaum eine andere Wahl ... Das Komplexe muss den klaren Worten weichen, die Nuance und die feine Unterscheidung dem Direkten, fast Brutalen, wenn man seine Botschaft an den Mann bringen will.« Nach dieser Maxime wurden zwei Generationen von Amerikanern von ihren Regierenden entmündigt, bis endlich das Wort »Kommunismus« genügte, um einen antrainierten orgasmischen Reflex auszulösen, während das Hirn abschaltete.

Was unseren »Feind« anbelangte, so schrieb Botschafter Walter Bedell Smith – ein ehemaliger General mit ausgeprägt schlichten Ansichten – seinem ehemaligen Boss, General Eisenhower, im Dezember 1947 aus Moskau, wo eine Konferenz zur Regelung der offenen europäischen Fragen stattfand: »Die Schwierigkeit, unter der wir hier arbeiten, besteht darin, dass wir im Gegensatz zu unserer offiziellen Position nicht willens sind, die staatliche Einheit Deutschlands zu Bedingungen wiederherzustellen und zu akzeptieren, denen auch die Russen zustimmen würden. Dabei schienen sie den meisten unserer Forderungen gegenüber aufgeschlossen zu sein.« Daher Stalins Enttäuschung, die schließlich zur berühmten Blockade der Westsektoren von Berlin führte, die nur durch die von General Lucius Clay organisierte Luftbrücke überwunden werden konnte. Carolyn Eisenberg schreibt: »Nach der Verhängung der Blockade tischte Truman der Öffentlichkeit eine einfache Geschichte von skrupellosen Russen auf, die ganz Berlin vereinnahmen wollten und dafür alle zu Kriegszeiten getroffenen Vereinbarungen brachen. Was der Präsident verschwieg, war, dass die Vereinigten Staaten Jalta und Potsdam den Rücken gekehrt hatten und, trotz der Vorbehalte vieler Europäer, die Bildung eines westdeutschen Teilstaates favorisierten; und dass die Sowjets die Blockade verhängt hatten, um eine Teilung zu verhindern.« Es war die ideale Politik für den Vergnügungspalast, tragikomisch bis zum Äußersten.

Präsident Truman ging mit der Wahrheit um wie ein Zerrspiegel im Spiegelkabinett. Aber schließlich hatte er auch nicht in erster Linie Deutschland im Kopf, sondern die bevorstehende Wahl im November

1948, die für ihn von überragender persönlicher Bedeutung, doch für den Fortgang der Weltgeschichte völlig bedeutungslos war. Ihm war klar, dass die wenigen Amerikaner, die sich noch an George Washington erinnerten, etwas an unserem NATO-Bündnis auszusetzen haben könnten, und so erhielt Außenminister Acheson die Weisung, bis zum Februar 1949, *nach* der Wahl, zu warten, ehe er dem Kongress unsere Verwandlung von einer westatlantischen Republik in eine europäische Hegemonialmacht präsentierte, die im fernen Osten von unserem asiatischen Imperium mit dem besetzten Japan als Herzstück und dem bald folgenden NATO-Pendant des ASEAN-Paktes symmetrisch ergänzt wurde.

Die Argumente für oder gegen ein amerikanisches Weltreich wurden niemals angemessen diskutiert, da das wenige, was an öffentlicher Debatte stattfand, sich nur auf die angeblichen Absichten der Sowjetunion konzentrierte, den Welteroberungsplänen Hitlers und der Nazis nachzueifern, denen erst die Sowjets selber (mit amerikanischer Hilfe, die für Stalin verdächtig spät kam) einen Riegel vorgeschoben hatten.

Am 12. März 1947 verkündete Truman in einer Rede vor dem Kongress die Politik der Eindämmung des sowjetischen Expansionsdrangs, die später als Truman-Doktrin bekannt wurde: Der Staat, der zwei Jahre zuvor noch unser Verbündeter gewesen war, wurde zum Feind erklärt. Der aktuelle Anlass war ein Bürgerkrieg in Griechenland, hinter dem die Sowjets stecken sollten. Das konnten wir nicht hinnehmen, denn plötzlich war »es die Politik der Vereinigten Staaten, freien Völkern zu Hilfe zu kommen, die sich der Unterjochung durch bewaffnete Minderheiten oder durch äußeren Druck widersetzen«. Auf diese Weise machte Truman die ganze Welt zum Interessengebiet der USA. Obwohl die Aufständischen in Griechenland von Bulgarien und Jugoslawien unterstützt wurden, hielten sich die Sowjets heraus. Sie hofften immer noch, dass Großbritannien, zu dessen Einflusssphäre Griechenland von jeher gehört hatte, für Ordnung sorgen würde. Doch die Briten verfügten weder über die Mittel noch über den Willen und baten die Vereinigten Staaten, in die Bresche zu springen. Hinter – wie meistens – verschlossenen Türen agitierte Acheson den Kongress mit der Leidenschaft eines Jago. Russischer Druck habe »den Balkan an einen Punkt gebracht, an dem ein sehr leicht möglicher sowjetischer Durchbruch drei Kontinente dem Eindringen der Sowjets öffnen« könne. Die Senatoren erbleichten, schnappten nach Luft und überlegten, wie sie einen möglichst großen Teil der »Verteidigungs«-Ausgaben in ihre Bundesstaaten leiten könnten.

Unter den einflussreichen Politikern war der ehemalige Vizepräsident Henry Wallace der Einzige, der Trumans »stark vereinfachter« Version der Weltgeschichte zu widersprechen wagte: »Der gestrige 12. März 1947 markiert einen Wendepunkt in der amerikanischen Geschichte, (denn) es ist nicht die griechische Krise, mit der wir es zu tun haben, es ist eine Krise Amerikas. Was Präsident Truman gestern unterbreitet hat, bedeutet im Effekt, dass die USA an jeder Grenze Russlands Polizei spielen sollen. Kein Regime ist zu reaktionär für uns, wenn es sich nur der russischen Expansion in den Weg stellt. Kein Land ist uns zu fern, um nicht zum Schauplatz eines Konflikts zu werden, der sich zu einem Weltkrieg ausweiten könnte.«

Neun Tage nachdem Truman dem Kommunismus den Krieg erklärt hatte, führte er den Loyalitätseid für Bundesbedienstete ein. Alle Angehörigen des öffentlichen Dienstes mussten nunmehr durch Schwur bekunden, dass sie der neuen Ordnung treu ergeben waren. Wieder meldete sich Wallace zu Wort: »Der Erlass des Präsidenten verschafft uns den gläsernen Staatsdiener. Vom Pförtner im Provinzpostamt bis hin zu Kabinettsmitgliedern wird gesiebt und geprüft werden, bespitzelt und taxiert.«

Truman war schmerzlich bewusst, dass viele in Wallace den legitimen Erben des Roosevelt'schen *New Deal* sahen; auch wurde allgemein erwartet, dass Wallace sich 1948 um die Präsidentschaft bewerben würde. In dieser Situation geriet die Wahrheitsliebe des amtierenden Präsidenten endgültig unter die Räder. »Die Versuche von Lenin, Trotzki, Stalin und Konsorten, dem Amerikanischen Verein der Dummköpfe, wie er von Jos. Davies, Henry Wallace, Claude Pepper und den Schauspielern und Künstlern im Sündenbabel von Greenwich Village repräsentiert wird, und der ganzen übrigen Welt ein X für ein U vorzumachen, ist ungefähr das gleiche wie Hitlers und Mussolinis Behauptung, ihre Staaten wären sozialistisch.« Hau nur drauf, Harry!

Im Gefolge von Trumans jäher Abkehr von der vertrauten amerikanischen Republik entstand ein neuer amerikanischer Staat, dessen Mission es war, das eigene Volk und den ganzen Erdball vor dem Kommunismus zu retten. Die Gestalt, die dieser militarisierte Staat annehmen sollte, war rationaler Diskussion von allem Anfang an entzogen. Bezeichnenderweise bestanden Truman und Acheson darauf, die einschlägigen Sitzungen des außenpolitischen Senatsausschusses unter Ausschluss der Öffentlichkeit abzuhalten. Die Dinge, um die es ging, waren viel zu wichtig, als dass man das Volk, dessen kostbare zehn Minuten mehr und mehr vom Fernsehen absorbiert wurden, damit behelligt hätte. Der republikanische Vorsitzende des Senatsausschusses, der große Umfaller aus Grand Rapids, Michigan, Arthur H. Vandenberg, war gerührt, von den Schöpfern des neuen Imperiums ins Vertrauen gezogen zu werden, wagte aber doch den Hinweis, dass man der amerikanischen Öffentlichkeit ganz gehörig Angst einjagen müsse, um im Kongress die erforderliche Mehrheit zur Finanzierung einer Hochrüstung in einer Zeit zu finden, die wir in unserem immer isolierteren Vergnügungspalast noch immer für eine Friedenszeit hielten. In den Medien war die Meinung einhellig. Henry Luce, der Herausgeber des *Time Magazine,* sagte es am unverblümtesten: »Gott hat es Amerika beschieden, der weltweite Leuchtturm der Freiheit zu sein.« Abweichler wie Wallace wurden als Kommunisten bezeichnet und spielten im öffentlichen Leben und spätestens ab 1950 auch in der politischen Debatte keine Rolle mehr. Wie ein Geist, dessen Stimme aus der Vergangenheit herüberhallt, mahnte er am 21. Mai 1947: »In unserer blinden Furcht vor dem Kommunismus wenden wir uns heute von den Vereinten Nationen ab. Uns steht ein Jahrhundert der Angst bevor.« Bis jetzt hat er zu exakt fünfzig Prozent Recht behalten.

Am 26. Juli 1947 erließ der Kongress den *National Security Act,* mit dem der Nationale Sicherheitsrat und die Central Intelligence Agency geschaffen wurde – Ersterer noch heute im Vollbesitz seiner Macht, während Letztere als Folge jahrzehntelanger schlechter Arbeit (ganz zu schweigen von all den fröhlichen Verrätern, für die der Country Club von Langley einst eine ideale Tarnung war) mehr auf der Kippe zu stehen scheint denn je. Jahre später vertraute ein desillusionierter, wenn auch nicht weiser gewordener Truman seinem Biografen Merle Miller an, dass die CIA gefährlich aus dem Ruder gelaufen sei und in ihrer ursprünglichen Verfassung gar nicht gegründet hätte werden dürfen. 1947 freilich bestand die Hauptaufgabe der CIA in Europa nicht etwa darin, sowjetischen Umtrieben zu begegnen, sondern in der Überwachung der übrigen NATO-Mitgliedsstaaten. Französische und italienische Gewerkschaften und Presseerzeugnisse wurden finanziell unterstützt, und eine Menge geheimes Geld wurde nach Italien gepumpt, um der christlich-demokratischen Partei den Sieg in den Wahlen vom April 1948 zu sichern.

Dean Acheson spielt in *Present at the Creation*, einem Erinnerungsbuch, das an Eleganz wettmacht, was ihm an Offenheit fehlt, vorsichtig auf das Dokument 68 des Nationalen Sicherheitsrats an, bei dem es sich um nichts weniger handelt als die 1950 formulierte Grundsatzerklärung für unseren Krieg gegen den Kommunismus. Leider musste er 1969, als er sein Buch schrieb, noch darauf hinweisen, dass das Dokument noch immer der Geheimhaltung unterlag. Erst 1975 wurde es endlich freigegeben. Es enthält sieben Punkte. Erstens: keine Verhandlungen mit der Sowjetunion – kein Wunder, dass der brüskierte (und von jeher empfindliche) Stalin in Mitteleuropa mit brutaler Gewalt reagierte; zweitens: Entwicklung der Wasserstoffbombe, damit wir, sobald die Russen mit der Atombombe nachzögen, noch immer einen Vorsprung hätten; drittens: schnellstmögliche Verstärkung der konventionellen Streitkräfte; viertens: drastische Erhöhung der Einkommensteuer auf bis zu neunzig Prozent, um das alles zu finanzieren; fünftens: Mobilisierung der Bevölkerung im Kampf gegen die kommunistische Bedrohung von innen durch Propaganda, Loyalitätseide und Bespitzelungsorganisationen wie das FBI, dessen inoffizieller Mitarbeiter Ronald Reagan als Präsident der Screen Actors Guild endlich zeigen konnte, was in ihm steckte, indem er bessere Schauspieler denunzierte; sechstens: Aufbau eines starken Bündnissystems unter Leitung der USA – der NATO; siebtens: Unterwanderung der sowjetischen Bevölkerung durch Propaganda und CIA-Aktionen – ein äußerst unklar definierter Punkt, der letztlich Legitimation und Legende für unsere zahllosen, nirgends offiziell geführten Geheimagenten im Auslandseinsatz sein sollte.

So war die Lage, als wir im Januar 1950, nach fünf im Vergnügungspalast verbrachten Jahren, zumindest teilweise ins Freie hinaustraten, das nicht mehr die gewohnte Freiheit war. Erstaunlicherweise befanden wir uns auch schon wieder im Krieg, dieses Mal in Korea. Weil Truman/Acheson sich nicht trauten, beim Kongress eine offizielle Kriegserklärung einzuholen, wurde die Sache als Polizeiaktion der Vereinten Nationen deklariert und ging unter großen Verlusten verloren. Acheson hatte seinen Präsidenten mit einer Aufstellung von 87 militärischen Abenteuern munitioniert, die bereits früher von amerikanischen Präsidenten angezettelt worden waren, ohne dass der Kongress – wie von der alten Verfassung vorgeschrieben – formal den Krieg erklärt hätte. Seit 1950 haben die Vereinigten Staaten vielleicht hundert offene oder verdeckte Kriege geführt. Kein einziger ist von den gewählten Vertretern des amerikanischen Volkes legitimiert worden. Der Kongress hat seine ausdrückliche Hoheit, über Krieg oder Frieden zu entscheiden, kampflos an die Exekutive abgetreten. Und das war das Ende der amerikanischen Verfassung.

Da es uns mindestens zehn Jahre kosten wird, bis wir China zum neuen Reich des Bösen stilisiert haben, steht ein Mond des Stillstands über unserem alten Rummelplatz. Und doch befinden wir uns in einer Phase, von der die Gründer des Imperiums nicht zu träumen gewagt hätten. Mag das Wort vom Weltreich manchen noch immer schwer von den Lippen gehen, so verfügen wir doch über Militärstützpunkte auf allen fünf Kontinenten – allein zehn davon auf dem Flugzeugträger, der Großbritannien heißt. Ein halbes Jahrhundert lang haben wir zu viele Tyrannen unterstützt, zu viele demokratische Regierungen gestürzt, zu viel von unserem Geld in den Bürgerkriegen fremder Völker verschwendet, um noch so tun zu können, als ginge es uns nur darum, netten armen Leuten überall auf dem Erdball zu helfen, die die Freiheit und die Demokratie so lieben wie wir. Als uns die Russen 1991 einen Dolchstoß in den Rücken versetzten, indem sie ihr Imperium sang- und klanglos abschafften, blieben wir mit vielen falschen Vorstellungen über uns selber und – was schlimmer ist – über den Rest der Welt allein.

Die Literatur über unsere Geschichte seit 1945 ist ebenso umfangreich wie unergiebig. Über die Hauptdarsteller auf der Szene existieren eine Reihe von ausführlichen Biografien. Wer tiefer schürft, wird auf interessante Monografien wie *NATO and the Korean War. A Context* stoßen. Doch die Verbindung zwischen den Universitäten und dem imperialen Washington war immer gefährlich eng, wie schon Henry Kissingers Pendelschwünge zwischen Katheder, Regierungsamt und noch höheren imperialen Weihen als Lobbyist fremder, unseren Interessen oft feindlich gesonnener Mächte beweisen. Mit Carolyn Eisenbergs *Drawing the Line* haben wir nun eine Schritt-für-Schritt-Beschreibung der Entwicklung in den Jahren 1944 bis 49, als wir *unsere* deutsche Kolonie eroberten, wieder funktionsfähig machten, zur Militärbasis ausbauten und schließlich in *unser* westliches Europa integrierten. Für jene, die finden, dass Eisenberg zu ausführlich auf die Wirrungen und Verwirrspiele der amerikanischen Entscheidungsprozesse eingeht, bleibt Robert H. Ferrells elegante Arbeit über *The Formation of the Alliance, 1948–1949*. Als Hofberichterstatter, wie man einen Apologeten der imperialen Politik wohl nennen darf, lässt Ferrell bei Harry Truman jede erdenkliche Milde walten und erinnert stattdessen an all die gefährlichen Irren in seiner Umgebung, die auf dem Höhepunkt der Koreakrise für den Einsatz von Atomwaffen plädierten, so zum Beispiel unser erster Verteidigungsminister, der Paranoiker James Forrestal, der sich bei einem Krankenhausaufenthalt während der Lektüre des *Ajax* von Sophokles aus dem Fenster stürzte – eine Form des Rücktritts, die viel zu wenig Schule gemacht hat.

Ferrell hebt an einer Stelle lobend hervor, dass Truman sich tatsächlich Gedanken über das Leid von Frauen und Kindern gemacht habe, sollten in Korea Kernwaffen zum Einsatz kommen. Was Trumans Entscheidung für den Abwurf zweier Atombomben auf japanische Städte anbelangt, so herrscht heute weitgehende Einigkeit, dass eine Demonstration der neuen Waffe, die den Gipfel des Fudschijama in einen attraktiven Kratersee verwandelt hätte, mehr als ausreichend gewesen wäre, um Japan zur Kapitulation zu bewegen.

Doch Truman befand sich damals in einer gewissen Trance, genau wie die dreizehn Millionen Amerikaner unter Waffen, die in lauten Applaus ausbrachen, als das abrupte Ende dieses ersten offenen Rassenkriegs gekommen war – eines Kriegs, in dem die Japaner dazu übergegangen waren, unsere *Marines*, ob lebendig oder tot, zu kastrieren, während unsere Kämpfer als gute, markenbewusste Amerikaner sich mit Colaflaschen revanchierten, die sie japanischen Soldaten bei lebendigem Leib in den After rammten und dann abbrachen. Soweit einige Erinnerungen aus der Zeit *vor* dem Vergnügungspalast, die den noch Lebenden, die damals dabei waren, unvergesslich vor Augen stehen. Die Anekdote, dass Lieutenant R.M. Nixon versucht habe, die Marines zur Verwendung von Pepsi-Flaschen zu bekehren, konnte bis dato nicht bestätigt werden.

Das Klima der Einschüchterung, das mit dem Loyalitätseid von 1947 begann, ist noch immer spürbar, obwohl inzwischen zwei Generationen von Amerikanern geboren worden sind, die gar nicht mehr wissen, wie das Wetter vor dem großen Frosteinbruch und der dramatischen Veränderung unserer Regierungsform war. Kein Historiker hat bis heute eine Arbeit vorgelegt, die genau nachzeichnet, was von 1945 bis 1997 mit uns und der Welt passiert ist. Es gibt interessante Detailstudien aller Art. Es gibt auch viel zu viele kindische Hagiografien über den tapferen kleinen Truman und den Superstaatsmann George Marshall, der gegenüber Acheson zugab, er habe keinen blassen Schimmer, was der nach ihm benannte Plan eigentlich bezwecke. Doch neben all den Amerikanern und Angehörigen anderer Nationen, die in Korea oder in

Vietnam, in Guatemala oder am Persischen Golf gefallen sind, bleibt die Aushöhlung der Institutionen, die unsere alte Republik geprägt haben, die eigentliche Wunde. Der Kongress hat der Regierung nicht nur das Recht der Kriegserklärung abgetreten; auch das zweite seiner großen Rechte, die Budgethoheit, scheint keinen Pfifferling mehr wert zu sein, wenn der Kongress dem Pentagon mehr Geld aufdrängt, als selbst dieses schwarze Loch verlangt hat (was den Schuldenmachern in der überhitzten Regierungsküche, in der die Kassenbücher bis in alle Ewigkeit in grellroter Tinte köcheln, ein paar ungewohnte Überstunden beschert haben dürfte).

Hat sich irgendjemand während dieses Halbjahrhunderts, das uns fünf Billionen Dollar tief in Schulden gestürzt und gleichzeitig das reale Einkommen der meisten US-Haushalte (statistischer Mittelwert) um sieben Prozent vermindert hat, zu Wort gemeldet, um ... Nein. Nicht hier. Zu langweilig. Oder, wie Edward S. Herman schreibt: »In seinem *Age of Diminished Expectations* räumt Paul Krugman ein, dass die zunehmende Ungleichheit in der Einkommensverteilung ›das entscheidende Faktum im amerikanischen Wirtschaftsleben der achtziger Jahre‹ darstelle, gleichwohl aber ›die Geduld der amerikanischen Öffentlichkeit mit diesem Thema‹« – die berühmte zehnminütige Aufmerksamkeitsspanne – »erschöpft sei. Und keine der heute diskutierten politischen Konsequenzen scheint geeignet, die wachsende Kluft zu schließen.«

Es war Edmund Wilson, der Literatur- und Gesellschaftskritiker des *New Yorker*, der als Erster Alarm schlug. 1963 veröffentlichte er ein Buch über die Zusammenhänge zwischen dem Kalten Krieg und der Einkommensteuer, *The Cold War and the Income Tax*. Dummerweise, so gibt er zu, habe er in den Jahren 1946 bis 1955 keine Einkommensteuererklärung abgegeben. Wie schon erwähnt, war eines der großen Ereignisse unseres ersten Jahres im Vergnügungspalast die Veröffentlichung von Wilsons Roman *Memoirs of Hecate County* 1946. Wilsons Einkommen – das nie sehr hoch war – verdoppelte sich. Dann geriet das Buch in die Mühlen einer Justiz, die stets ein ungesundes Interesse an sexuellen Dingen gezeigt hatte, und wurde schließlich durch Gerichtsbeschluss verboten. Wilson, der in eine kostspielige und komplizierte Ehe verstrickt war, stand vor dem Ruin. Er beschreibt in seinem Buch, wie ihm in dieser Lage die Steuerfahnder der Finanzbehörden zusetzten. Er geht auch auf die Geschichte der Einkommensteuer ein, die Amerika erst seit 1913 kennt. Er konstatiert, dass wir 1960 höhere Steuern zu entrichten hatten als während des Zweiten Weltkriegs. Da das Dokument 68 des Nationalen Sicherheitsrats noch für weitere zwölf Jahre ein Geheimnis bleiben sollte, konnte Wilson nicht wissen, dass dem amerikanischen Volk Strafsteuern auferlegt worden waren, um die nukleare und konventionelle Hochrüstung zu bezahlen, mit der wir uns vor einem Staat der Zweiten Welt schützen wollten, der noch immer für niemanden außer den unmittelbar angrenzenden schwachen Nachbarländern eine Bedrohung war.

In meiner Besprechung von Wilsons Polemik (in *Book Week* vom 3. November 1963) schrieb ich: »Was Sozialleistungen anbelangt, liegen wir hinter allen Industriestaaten des Westens zurück, weil wir unsere Staatsausgaben nicht dem Volk, sondern dem Big Business zugute kommen lassen. Das Ergebnis ist eine singuläre Gesellschaft, in der es freies Unternehmertum für die Armen und Sozialismus für die Reichen gibt.«

Man sollte beachten – was selten geschieht –, dass die Wirtschaftskrise nicht mit dem New Deal der Jahre 1933 bis 1940 endete. Tatsächlich flackerte sie 1939 und 1940 wieder auf, und zwar schlimmer als zuvor. Erst als Roosevelt 1941 zirka 20 Milliarden Dollar in den Verteidigungshaushalt pumpte, war die Wirtschaftskrise überwunden, und Lord Keynes war der Held der Stunde. Diese relativ kleine staatliche Geldspritze verringerte die Arbeitslosigkeit auf acht Prozent und blieb, verständlicherweise, auch bei den Regierenden der Nachkriegszeit in guter Erinnerung. Sie lernten daraus, dass, wer eine Wirtschaftskrise vermeiden wollte, in die Rüstung investieren musste. Niemand klärte sie darüber auf, dass eine gleich hohe Investition in die Infrastruktur des Landes uns Schulden, Leiden, Blut erspart hätte.

Mag Wilsons Nonchalance bei seinen Steuererklärungen uns heute

leichtsinnig erscheinen, so war sie damals, im Licht seiner Lebens-
erfahrungen, höchst nachvollziehbar. 1939 wurden in den USA nur
vier Millionen Einkommensteuererklärungen abgegeben, was einem
bloßen Zehntel der arbeitenden Bevölkerung entspricht. Laut Richard
Polenberg »zahlten im Sommer 1943 so gut wie alle Amerikaner Steuern von ihrem Wochenlohn, und die meisten waren mit ihren Zah-
lungen auf dem Laufenden ... So war die Grundlage für ein modernes
Steuerwesen gelegt worden.« Dann kam irgendein unbesungenes
Genie auf den Einfall, die Steuer direkt vom Lohn einzubehalten, und
damit saßen alle Steuerpflichtigen in der Falle. Wilson wusste von all
dem nichts. Aber er hatte den ursächlichen Zusammenhang zwischen
der Einkommensteuer und dem Kalten Krieg erspürt:

Die Wahrheit ist, dass die Bevölkerung der Vereinigten Staaten
zurzeit von zwei offiziell propagierten Ängsten beherrscht und
getrieben wird: der Angst vor der Sowjetunion und der Angst
vor der Einkommensteuer. Beide Schrecknisse werden so austa-
riert, dass sie einander ergänzen und den Bürgen unserer freien
Gesellschaft einem doppelten Druck aussetzen, dem er sich
nicht entziehen kann. Es ist wie in der Wildwestanekdote von
dem Mann, der von einem Büffel in eine enge Schlucht gejagt
wird, in der ihm ein Grizzlybär entgegenkommt. Wenn wir die
Steuer nicht akzeptieren, wird uns der russische Büffel auf die
Hörner nehmen und zertrampeln, und wenn wir uns der Steuer
zu entziehen versuchen, zermalmt uns der Bär der amerikanischen Steuerbehörde.

Zu dem Zeitpunkt, da der Nordamerikanische Atlantikpakt gegründet
wurde, durchschaute nur der Möchtegern-Augustus de Gaulle, was
wir im Schilde führten: Er zog Frankreich aus unserer Cosa Nostra
zurück und entwickelte seine eigene Atombombe. Doch auch Frankreich konnte nicht alle Bande zu unserem Weltreich lösen. Durch die
CIA und andere geheime Dienste zogen wir in unserem Imperium
die politischen Fäden, was nicht nur dem britischen Labour-Premier

Harold Wilson schlecht bekam, sondern auch Italien um seine größte Chance auf eine stabile Regierung brachte, als der »historische Kompromiss« einer Koalition aus Christdemokraten und Kommunisten vereitelt wurde. Die Sowjets, die immer prompt reagierten, griffen in ihren Vasallenstaaten – Ungarn, der Tschechoslowakei, der DDR – zunehmend härter durch, bis endlich in Berlin die Mauer hochgezogen wurde: eine Wunde in ihrem eigenen Fleisch. Von 1950 bis 1990 war Europa ein Pulverfass, dramatisch geteilt und bis an die Zähne bewaffnet. Doch den amerikanischen Rüstungsfabriken ging es niemals besser, und so waren die, auf die es ankam, mit der Welt zufrieden.

In Jalta war es Roosevelts Absicht gewesen, die europäischen Kolonialreiche, insbesondere das französische, aufzulösen. Über Indochina sagte er: »Frankreich hat es hundert Jahre lang gemolken.« Als ersten Schritt schlug er vor, das Gebiet unter die Treuhänderschaft der Vereinten Nationen zu stellen. Dann starb er. Im Gegensatz zu Roosevelt war Truman kein Philatelist. Wäre er Briefmarkensammler gewesen, so hätte er zumindest gewusst, wo die Länder dieser Welt lagen und wer in ihnen lebte.

Dafür wusste Truman, wie jeder gute Amerikaner, dass er den Kommunismus hasste. Außerdem hasste er den Sozialismus, was dasselbe sein mochte oder auch nicht. Keiner schien sich da ganz sicher zu sein. Schon seit den Präsidentschaftswahlen von 1848 war der Sozialismus – damals ein Mitbringsel komischer deutscher Einwanderer, die ihre Nase dauernd in Büchern stecken hatten – ein Gespenst, das in Amerika umging und eine sich formierende kapitalistische Gesellschaft mit Gewerkschaften, einem staatlichen Gesundheitswesen und ähnlichem Teufelszeug zu infizieren drohte, wie es noch anderthalb Jahrhunderte später wütend bekämpft wird. Als Ho Chi Minh 1946 die USA aufforderte, Indochina unter ihre Fittiche zu nehmen, lehnte Truman ab: Nein, keine gemeinsame Sache mit so einem kommunistischen Dr. Fu Manchu, dem Schlimmsten, was er sich vorstellen konnte. Schon im August 1945 hatte Truman de Gaulle signalisiert, dass die

Franzosen nach Indochina zurückkehren konnten – wir waren keine Anti-Imperialisten in der Roosevelt'schen Tradition mehr. Da Ho Chi Minh seine Republik im Norden hatte, installierten die Franzosen Bao Dai im Süden. Am 1. Februar 1950 verlautbarte aus dem State Department: »Die Vereinigten Staaten stehen vor der Entscheidung, entweder Frankreich in Indochina zu unterstützen oder tatenlos zuzusehen, wie sich der Kommunismus über den Rest des südostasiatischen Kontinents und womöglich noch weiter nach Westen ausbreitet.« So wurde, ohne Hirten auf dem Felde oder zumindest einen Napalmstern am Himmel, in einer bescheidenen Krippe im Augiasstall des Außenministeriums die Dominotheorie geboren. Am 8. Mai 1950 sprach Acheson sich für die militärische und wirtschaftliche Unterstützung der Franzosen in Vietnam aus. Fünf Jahre später trugen die USA bereits 40 Prozent der französischen Kriegskosten. Ein Vierteljahrhundert mussten amerikanische Soldaten in Vietnam kämpfen und sterben, weil unsere ahnungslosen Führer und ihre cleveren Finanziers nie durchschauten, dass es sich bei dem Spiel, das tatsächlich gespielt wird, nie um Domino, sondern allenfalls um Schach handelt.

Doch nichts bleibt, wie es ist. In den letzten Tagen des abnehmenden Mondes wurde, mehr schlecht als recht, eine Europäische Gemeinschaft zusammengezimmert; und dann, als die Sowjets von heute auf morgen die Luft aus ihrem Imperium herausließen, vereinten sich die beiden deutschen Staaten, die wir immer so säuberlich getrennt gehalten hatten. Plötzlich geriet Washington ins Schwimmen, und am Himmel kam der Mond des Imperiums zum Stillstand. Weder Reagan noch Bush konnten mit großen historischen oder geopolitischen Kenntnissen glänzen. Trotzdem gingen immer noch Kommandos aus dem Weißen Haus in die Welt hinaus. Doch sie wurden immer weniger befolgt, weil jeder weiß, dass im Oval Office ein Schuldenmacher sitzt, der sein Konto um fünf Billionen Dollar überzogen hat und weder Geschenke an treue Vasallen verteilen noch einen Krieg vom Zaun brechen kann, ohne vorher bei den Deutschen und Japanern den Hut herumgehen zu lassen (was er auch tun musste, um als Sponsor des CNN-Feuerwerks am Himmel von Bagdad auftreten zu können). Allmählich dämmert es auch dem abgelenktesten Besucher des Vergnügungsparks, dass wir keine NATO mehr brauchen, weil kein Feind mehr da ist. Genau genommen war auch kein ernst zu nehmender Feind da, als die NATO gegründet wurde, aber im Lauf der Jahre ist es uns gelungen, die Sowjets in ein ziemlich bedrohliches Feindbild zu verwandeln – eine Zerrspiegel-Version von uns selber. Zur Unterstützung Israels könnten die USA noch immer der Milliarde Moslems, die auf dieser Erde leben, den Krieg erklären, doch dann hätten wir die Europäer nicht mehr an unserer Seite. Sie würden sich an das Jahr 1529 erinnern, als die Türken nicht als Heer billiger Arbeitskräfte, sondern als Welteroberer vor Wien lagen, und sie haben davon ein für alle Mal genug.

Nach dem NATO-Gipfel von Madrid ist für die USA der Augenblick gekommen, Europa den Rücken zu kehren – mit einer eleganten Drehung. Gewiss meinen die Europäer, dass es an der Zeit für uns ist, zu gehen – es war ihren verächtlichen Bemerkungen in Denver deutlich zu entnehmen, vor allem, als sie gewarnt wurden, sich nicht weiter als einen Häuserblock weit von ihren Hotels zu entfernen, falls sie nicht beraubt, verstümmelt, ermordet werden wollten. Warum aber halten wir trotz allem an der Idee des Imperiums fest? *Cherchez la monnaie,* wie die lebensklugen Franzosen sagen. Seit dem Jahr 1941, als Roosevelt uns durch eine Geldspritze für die Rüstungsindustrie aus der Wirtschaftskrise herausholte, waren Krieg und Kriegsgefahr die wichtigsten Triebkräfte unserer Gesellschaft. Jetzt ist der Krieg vorbei. Oder doch nicht? Können wir es uns *leisten,* auf unseren heimeligen, niemals endenden Krieg zu verzichten? Warum sollten wir unser europäisches Schattenreich, statt es schrumpfen zu lassen, nicht einfach *ausweiten,* indem wir jedes noch übrige Land in den NATO-Sack stopfen? Genial einfach und einfach genial! Einen besonderen Feind bräuchten wir dann gar nicht mehr, obwohl sich Russland, wenn man es nur genügend reizt, vielleicht wieder für die Rolle des großen Satans in unserer schon etwas angestaubten Geisterbahn gewinnen ließe.

Eine erweiterte NATO ist für unsere Rüstungsindustrie – wenn auch nicht für deren Arbeitnehmer – wie eine Lizenz zum Gelddrucken. Nicht, dass die Branche etwa Not litte: Schon im vergangenen Jahr haben sich unsere Verkäufe an Rüstungsgütern um 23 Prozent auf ein Auftragsvolumen von 11,3 Milliarden Dollar gesteigert. Exportbeschränkungen für bestimmte südamerikanische Länder werden gerade aufgehoben. Chile, das sich von jeher durch Ecuador bedroht fühlt, kauft vielleicht schon morgen vierundzwanzig amerikanische F-16-Jets. Doch die erweiterte NATO bleibt der Hauptgewinn. Jedes glückliche neue Klubmitglied, das in die NATO aufgenommen wird, muss bei Firmen wie Lockheed Martin (erst kürzlich mit Northrop Grumman fusioniert) teure Tötungsmaschinen einkaufen. Weil die künftigen Mitglieder wirtschaftlich auf wackeligen Beinen stehen – und die bisherigen NATO-Staaten auch nicht gerade boomen –, wird der amerikanische Steuerzahler, die gerupfte Gans, die längst keine goldenen Eier mehr legt, immer neue Kredite aufnehmen müssen, um eine Rechnung zu begleichen, die sich laut einer Schätzung der Haushaltsexperten im amerikanischen Kongress auf insgesamt 125 Milliarden Dollar in einem Zeitraum von fünfzehn Jahren belaufen wird, wovon immerhin 19 Milliarden Dollar auf die USA entfallen dürften. Verständlicherweise wertete Jelzin diesen kostspieligen Rückfall in den Zeiten des Kalten Krieges als feindseligen Akt gegenüber Russland, während unser ureigenes delphisches Orakel, der janusköpfige alte Mandarin George Kennan, verlauten ließ, die Osterweiterung könne »nationalistische, antiwestliche und militaristische Tendenzen in der russischen Öffentlichkeit neu aufflammen lassen«.

Früher hat man uns eingeredet, es wäre besser, tot als rot zu sein; heute wird man uns erzählen, man sei besser pleite als – ja, als was? Ein Sklave der Malteserritter? Längst spinnen konservative *think tanks* (von einschlägig interessierten Konzernen direkt oder indirekt finanziert) wieder ihr meilenlanges Garn über die Notwendigkeit, die freie Welt vor Feinden zu schützen; und Lockheed Martin setzt Lobbyisten gezielt auf einzelne Senatoren an, nachdem das gleiche Unternehmen im Kongress- und Präsidentschaftswahlkampf 1996 bereits offiziell eingeräumte 2,3 Millionen Dollar für die ihm gewogenen Kandidaten ausgegeben hat.

Wer genauer wissen will, wie ruinös die NATO-Zugehörigkeit für die neuen Mitgliedsstaaten sein wird, werfe einen Blick in die Denkschrift *NATO Expansion: Time to Reconsider,* die am 25. November 1996 gemeinsam vom British American Security Information Council und dem Centre for European Security and Disarmament veröffentlicht wurde. Die Autoren bezeichnen die Remilitarisierung der Region zwischen Berlin und Moskau als geopolitischen Wahnsinn und als wirtschaftliche Katastrophe. Ungarn peilt bereits für dieses Jahr eine 22-prozentige Steigerung seiner Rüstungsausgaben an. Die Tschechen und die Polen beabsichtigen, ihren Verteidigungshaushalt zu verdoppeln. Die Welt wird neuerlich zum Pulverfass, während unsere Regierenden, von beiden Kongressparteien unterstützt, sich weiter als loyale Zuarbeiter derer verstehen, denen sie ihre Wahl verdanken – Lockheed Martin-Northrop Grumman, Boeing, McDonnell Douglas, General Electric, Mickymaus und so fort. Die letzte Meldung: Unter strenger Geheimhaltung entwickeln die USA eine neue Generation nuklearer Lenkwaffen nach dem Muster der W-88-Trident-Rakete. Kostenpunkt: vier Milliarden Dollar jährlich.

Für jedes Imperium kommt der Zeitpunkt, da es keine Kraft mehr ausstrahlt und symbolisch wird – oder existenziell, wie wir damals in den vierziger Jahren immer sagten. Der augenblickliche Meinungsstreit über die NATO demonstriert das Dilemma, in dem sich ein symbolisches Imperium befindet, wenn ihm die geistigen Energien – weniger die Ressourcen – fehlen, um seine Hegemonialansprüche gegenüber früheren Vasallenstaaten durchzusetzen. Am Ende siegt immer die Entropie. Der Vergnügungspalast stürzt zusammen. Der Jahrmarkt wird zum Parkplatz. »So erwachte ich und gewahrte, dass alles nur ein Traum war.« Wieder der alte John Bunyan. Aber noch sind wir nicht ganz so weit.

Es ist eine Binsenweisheit, dass Generäle immer für den letzten Krieg gerüstet sind. Das anachronistische Vokabular, das wir im Juli in Madrid zu hören bekamen, würde uns, in Taten umgesetzt, mit Sicherheit in einen neuen, großen – und vielleicht wirklich letzten – Krieg führen, und sei es nur, damit Francis Bacon Recht behält: »Wenn ein großes Staatswesen und Imperium erbebt und auseinander bricht, fehlt es niemals an Kriegen.«

Glücklicherweise werden der Mangel an Geld und gemeinsamem Willen wohl ausreichen, um das Schlimmste zu verhüten. Unterdessen wartet eine neue, bessere Welt darauf, ans Licht zu treten. Die optimale wirtschaftliche Einheit auf diesem Erdball ist heute der Stadtstaat. Die modernen Kommunikationstechnologien ermöglichen es jedem, sich über jede Grenze hinweg zu informieren. Was das Internet über jeden Computermonitor verkündet, ist die Irrelevanz – von den Gefahren gar nicht mehr zu reden – des traditionellen Nationalstaats oder gar Imperiums. Trotz des derzeitigen Währungswirrwarrs weist uns Südostasien den Weg, während die Warlords in Peking nicht nur höchst vitale, halb autonome Industrieregionen wie Schanghai innerhalb ihres Territoriums dulden, sondern es wahrscheinlich auch Hongkong erlauben werden, auf dem eingeschlagenen Weg fortzufahren. Keiner liebt die harte Hand, mit der Singapur regiert wird (was uns freilich auch nichts angeht), aber jeder wird zugeben müssen, dass dieser Stadtstaat, relativ gesehen, wirtschaftlich wesentlich erfolgreicher ist als die Vereinigten Staaten, die – wenn der Spuk des Weltreichs endgültig der Vergangenheit angehört – vielleicht in den kleineren Einheiten eines schweizerischen Kantonalmodells prosperieren könnten: spanisch sprechende katholische Regionen neben asiatisch-konfuzianischen und ethnisch gemischten Gebieten, dazwischen hier und da ein Stadtstaat wie die Region New York/Boston oder das Silicon Valley.

Europa wird sich im kommenden Jahrhundert, falls kein Unglück dazwischenkommt, weniger zu einer Union aus blutbefleckten ehemaligen Nationalstaaten entwickeln als vielmehr zu einem Mosaik aus homogenen Regionen und Stadtstaaten wie zum Beispiel Mailand, deren Beziehungen untereinander von einem Koordinations- und Informationszentrum in Brüssel geregelt werden, das die Geld- und Handelsströme im Gleichgewicht hält und sich um kartellrechtliche Fragen kümmert. Basken, Bretonen, Waliser, Schotten und andere Minderheiten, die sich aus nationalen Fesseln lösen wollen, sollten gehen dürfen, um auf eigene Faust nach dem Glück zu streben oder es gar zu erreichen – jenes verfassungsmäßige Ziel, das selbst das verfassungswidrige amerikanische Imperium dem menschlichen Treiben nie abgesprochen hat.

Mit diesem versöhnlichen Ausblick, o ihr Bedrückten am Drücker, wollen wir in die Niederungen dieser Welt zurückkehren und uns dabei des hippokratischen Eids erinnern, der nicht nur Ärzten gut zu Gesicht steht: »Vor allem anderen, fügt keinem ein Leid zu.« Und noch etwas anderes hat Hippokrates euch Weltbewegern dieses Monats ins Stammbuch geschrieben: »Das Leben ist kurz, die Kunst ist lang, die Gelegenheit flüchtig, der Versuch gefährlich, das Urteil schwierig.«

Vanity Fair (1997)

In der Höhle des Kraken

In »Murder as Policy« (24. April) belegt Allan Nairn präzise, dass die »wirkliche Aufgabe ... aller US-Botschafter [in Guatemala] seit 1954 [darin bestand], die amerikanische Unterstützung für eine Armee von Mördern zu verschleiern und in vielen Fällen zu fördern«. Nairns Bericht über die Schurkereien eines gewissen Thomas Stroock, unserem frisch gebackenen dortigen Vizekönig, fügt sich nahtlos in die lange Reihe der Horrorstorys, deren Anfang zu erleben ich das ... Privileg? hatte, und zwar bereits 1946, als ich mich im Alter von zwanzig Jahren mit meinem druckfrischen ersten Roman Richtung Süden aufmachte und in Antigua, Guatemala, landete, wo ich für 2000 Dollar eine Klosterruine erwarb (wobei ich der Fairness halber sagen muss, dass dieses Kloster durch ein Erdbeben und nicht vom guatemaltekischen Militär oder etwa der US-Botschaft zerstört worden war).

Guatemala fing gerade an aufzublühen. Den alten Diktator Ubico, einen Vasall der Amerikaner, hatte man vertrieben. In freien Wahlen war ein Philosophieprofessor namens Arévalo zum Präsidenten gewählt worden. Als demokratischer Sozialist oder Sozialdemokrat oder was auch immer hatte er junge Leute in die Regierung geholt, die Armee an die Kandare genommen und gegenüber dem größten Arbeitgeber im Land, dem amerikanischen Konzern United Fruit, Fingerspitzengefühl bewiesen.

Der bei weitem interessanteste Mensch in und außerhalb der Stadt war Mario Monteforte Toledo, ein schlanker, energiegeladener Intellektueller von noch nicht einmal dreißig Jahren, der Gedichte schrieb. In der Hauptstadt hatte er seine Ehefrau, in Antigua seine Geliebte, eine India, und wenn er sie besuchte, trafen wir uns, um schier endlos miteinander zu debattieren.

Mario war Vorsitzender des guatemaltekischen Kongresses und galt landauf, landab als künftiger Präsident der Republik. Politisch gesehen war er so etwas wie Sozialist. Ich hingegen war aufgrund meiner Herkunft eingefleischter Tory. Wir stritten uns herrlich.

Schauplatz: der Patio meines Hauses, überragt von der hohen Mauer der angrenzenden Kirche El Carmen. Gewöhnlich saßen wir unter einem Pfefferbaum neben einem hässlichen rechteckigen Brunnen, der aussah wie eine Pferdetränke, und tranken Bier. Er erzählte mir den neuesten Klatsch. Nach einer rituellen Tirade gegen die Reichen und Gleichgültigen kam er auf die Politik zu sprechen: »Wir dürfen nicht mehr lange warten.«

»Wer ist ›wir‹?«

»Unsere Regierung. Irgendwann müssen wir die Staatseinnahmen anheben. Der Einzige, bei dem überhaupt Geld zu holen ist, ist *el pulpo*.« *El pulpo* heißt »der Krake«; so bezeichnete man die United Fruit Company, deren Jahreserträge doppelt so hoch lagen wie die Staatseinnahmen von Guatemala. Vor kurzem waren Arbeiter in einen Streik getreten; eigensüchtig, wie sie waren, hatten sie 1,50 Dollar Tageslohn für ihre interessante Tätigkeit gefordert.

»Was hindert euch denn, ihnen Steuern abzuknöpfen?« Ich war naiv. Das liegt nun schon lange zurück, und die Vereinigten Staaten hatten damals gerade die Führung der Glücklichen Freien Welt übernommen.

»Deine Regierung. Wer sonst? Sie haben Ubico all die Jahre an der Macht gehalten. Jetzt treffen sie Vorbereitungen, uns loszuwerden.«

Ich war verblüfft. Von unseren zahlreichen Interventionen in Mittelamerika hatte ich zwar eine vage Ahnung, aber das war doch Schnee von gestern. Weshalb sollten wir uns hier einmischen? Wir beherrschten doch ohnehin den Großteil der Welt. »Was kümmert es uns schon, was in einem kleinen Land wie diesem geschieht?«

Mario sah mich mitleidig an – er hatte Mitleid mit meiner Begriffsstutzigkeit. »Die Geschäftsleute. Zum Beispiel die Eigentümer von United Fruit. Sie kümmert es sehr wohl. Sie haben unsere Politiker stets geschmiert. Und sie schmieren die euren immer noch. Sieh mal, einer eurer großen Senatoren sitzt im Vorstand von *el pulpo*.«

Ich kannte einige der Senatoren. Welchen meinte er? Mario blieb vage. »Er hat drei Namen. Ich glaube, er stammt aus Boston ...«

»Henry Cabot Lodge? Das glaube ich nicht.« Lodge war ein Freund unserer Familie; als Jugendlicher hatte ich mit ihm über Poesie diskutiert – er war der Sohn eines Dichters. Jahre später sollte er als Kennedys Botschafter in Vietnam beim Mord an den Gebrüdern Diem die Fäden ziehen.

Beim Bier und im immer schwächer werdenden Tageslicht erläuterte mir Mario, in welcher Falle ein kleines Land wie Guatemala steckte. Ich kann nicht behaupten, dass ich ihn sonderlich ernst nahm. Nachdem wir die ganze Welt mit Ausnahme der teuflischen Sowjetunion unter unserer Kontrolle hatten, konnte es kaum in unserem nationalen Interesse liegen, in einem demokratischen Nachbarland einen Umsturz herbeizuführen, ganz gleich, wie sehr dessen Regierung den Vorstand von United Fruit auch ärgern mochte. Aber zu jener Zeit war mir noch nicht klar, in welchem Maße die Konzerne die Regierung unserer eigenen, im Untergang begriffenen Republik beherrschten. Heute freilich weiß jeder, wie sehr unser Imperium mit seiner militarisierten Ökonomie, das der Republik nachfolgte, das Wirtschaftsleben kontrolliert. Für die übrige Welt ist das Endergebnis in etwa das gleiche, nur die *killing fields* sind noch größer geworden, und wir stiften nicht mehr nur bei schwachen Nachbarn Unheil, sondern auf allen Kontinenten.

Mario hatte mir die Idee zu einem Roman gegeben: Ein Diktator (wie Ubico) kehrt aus seinem US-amerikanischen Exil als Kandidat des Kraken zurück, um wieder die Macht zu ergreifen. Ich wollte die Geschichte aus der Sicht eines jungen amerikanischen Kriegsveteranen (wie ich selbst einer war) erzählen, der sich dem General aus Freundschaft mit dessen Sohn anschließt. Je mehr ich über die Geschichte nachdachte, desto komplizierter wurde die Sache. *Dark Green, Bright Red.* Die Greens (die Grünen), Vater und Sohn, standen für die United Fruit Company, und als zwielichtige Gestalten spukten sie durch den grünen Dschungel. Das leuchtende Rot hingegen bedeutete nicht nur Blut, sondern die Möglichkeit einer kommunistischen Machtübernahme.

»Kein englischsprachiger Roman über oder aus Lateinamerika war je ein Erfolg.« Damit hatte mein Verleger im Jahr 1950 durchaus Recht.

Vier Jahre nach Erscheinen des Buchs beschuldigte Senator Lodge den mit großer Mehrheit gewählten Nachfolger von Arévalo, Arbenz, Kommunist zu sein, weil Arévalo im Juni 1952 die Enteignung ungenutzten Ackerlandes der United Fruit Company angeordnet hatte und dieses unter 100 000 guatemaltekischen Familien aufteilen ließ. Arévalo zahlte dafür dem Unternehmen einen seiner Ansicht nach fairen Preis, der dem entsprach, was das Unternehmen selbst als zu besteuernden Wert angegeben hatte. Alsbald trat das amerikanische Imperium in Aktion, stellte mittels der CIA eine Armee auf und ließ Guatemala-Stadt bombardieren. US-Botschafter John Peurifoy gerierte sich wie Mr. Green in meinem Roman. Arbenz trat zurück. Peurifoy wollte den Stabschef der guatemaltekischen Armee zum neuen Präsidenten machen und überreichte ihm eine Liste mit den Namen von »Kommunisten«, die exekutiert werden sollten. Der Stabschef lehnte höflich ab: »Es wäre besser«, sagte er, »wenn *Sie* auf dem Präsidentenstuhl sitzen und die Stars and Stripes über dem Palast wehen würden.«

Peurifoy suchte sich daraufhin einen anderen Mann aus dem Militär, der die Interessen des Imperiums und des Konzerns vertrat. Seither ist Guatemala ein Schlachthaus und tatsächlich leuchtend rot vor einem Hintergrund aus düsterstem imperialem Grün. Später fand man heraus, dass Arbenz keine Verbindungen zu Kommunisten gehabt hatte; aber die »Desinformation« war so gründlich gewesen, dass nur wenige US-Amerikaner wussten, in welchem Maße sie von einer Regierung belogen worden waren, die sich selbst über das Gesetz erhoben und, schlimmer noch, jenseits aller Vernunft gestellt hatte.

Gelegentlich stelle ich fest, dass nach wie vor Desinformation betrieben wird. In der *New York Times* (die in den letzten Jahren wieder »gesundete«) schreibt am 9. April ein gewisser Clifford Krauss leichthin, die Indios in Guatemala seien 400 Jahre lang regelmäßig übers Ohr gehauen worden, das sei also nichts Neues. In seinem tendenziösen Abriss der Landesgeschichte – die reinste Klischeesammlung aus dem CIA-Hauptquartier, Jahrgang etwa 1955 – verschweigt er die entscheidenden Jahre der Diktatur unter Jorge Ubico von 1931 bis 1944.

Ich muss gestehen, dass es mich fassungslos macht, wenn ich 1995 lese, Arbenz habe »auf dem Höhepunkt des Kalten Krieges die Vereinigten Staaten herausgefordert, indem er sich mit Beratern aus der kommunistischen Partei umgab, Waffen aus der Tschechoslowakei liefern ließ und einen Hafen baute, mit dem er die United Fruit Company als Konkurrenten ausschalten wollte«. Um Himmels willen, wie konnte ein solcher Schurke jemals Mittelamerika unsicher machen! »Präsident Eisenhowers CIA stellte eine guatemalische [sic] Invasionstruppe zusammen und ließ 1954 Guatemala-Stadt bombardieren.«

Dark Green, Bright Red wurde kürzlich in England wieder veröffentlicht. In einer Kritik des *Evening Standard* schreibt der Journalist Patrick Skene Catling: »Ich wünschte, ich hätte dieses prophetische Werk der Fiktion schon vor meiner ersten Reise nach Guatemala im Jahr 1954 gelesen. Gore Vidal hätte mir klargemacht, wie es John Peurifoy ... gelingen konnte, mich auf das Dach seiner Botschaft zu befördern, damit ich von dort aus ... die Luftangriffe ohne Angst verfolgen konnte, weil er und die CIA ganz genau wussten, wo die Bomben niedergehen würden.«

Eine Schlussbemerkung, die hoffentlich nachdenklich stimmt. Ich habe zusammen mit Nathaniel Davis die Schulbank gedrückt, der während Allendes Sturz unser Botschafter in Chile war. Ein paar Jahre später fungierte Davis als Botschafter in der Schweiz, und eines Tages aßen wir in der Berner Botschaft zusammen zu Mittag. Ich äußerte meine Wut über die Rolle, die unser Land im Fall Chile gespielt hatte. Davis »erläuterte« mir daraufhin *seine* Rolle. Dann fragte er: »Meinst du denn, dass sich die Vereinigten Staaten niemals in die Angelegenheiten anderer Länder einmischen sollten?« Ich erwiderte, solange nicht in Mexiko eine Invasion gegen uns vorbereitet würde, sollten wir unsere Finger von anderen Ländern lassen. Davis, ein nachdenklicher Mensch, dachte nach und sagte schließlich: »Tja, es wäre in der Diplomatie und überhaupt im Leben schön, wenn man jemals von einem Punkt der Unschuld aus beginnen könnte.« Darauf kann man wahrscheinlich nur erwidern: Dann mach doch! Tauch' immer tiefer in den Sumpf, begeh' noch mehr Verbrechen, um die zu vertuschen, die du schon begangen hast, und halte es mit Macbeth: »Ich bin einmal so tief in Blut gestiegen, dass, wollt' ich nun im Waten stillestehn, Rückkehr so schwierig wär', als durchzugehn.«

The Nation
5. Juni 1995

Mit äußerster Befangenheit

Nach Artikel I, Absatz 9 der Verfassung müssen Regierungsbehörden ihr Budget in regelmäßigen Abständen dem Kongress zur Prüfung vorlegen. Weder die CIA noch die DIA halten sich daran. Gelegentlich schicken sie im Licht des Mondscheins jemanden den Kongresshügel hoch, um den Kongress zu desinformieren, und das war's dann. Denn offen zu legen, was sie tatsächlich mit dem Geld tun, wäre ja ein Verstoß gegen die nationale Sicherheit, dieses patente Schlagwort, hinter dem sich so viele Geheimdienstleute verstecken, um vor strafrechtlicher Verfolgung geschützt zu sein. Zwar meinen die meisten US-Amerikaner heute, die CIA sei in Valley Forge von General Washington geschaffen worden, doch in Wirklichkeit wurde dieser unverantwortliche Spionagedienst vor nicht einmal einem halben Jahrhundert aus der Taufe gehoben, und seither hat er uns aus innenpolitischen Gründen über den Rest der Welt systematisch desinformiert (erinnern Sie sich noch an Russlands unglaublichen wirtschaftlichen Aufschwung im Jahr 1980?). »Aufklärung«, wie sie die CIA ihrem Namen nach betreibt, ist sinnlos, sofern sie nicht dem unmittelbaren Handeln dient. In einem Krieg ist die Kenntnis der feindlichen Truppenbewegungen von entscheidender Bedeutung. In Friedenszeiten jedoch ist das wahllose Sammeln von Informationen unsinnig, wenn nicht sogar bedrohlich.

Weil unsere Herrscher das sehr genau wissen, legen sie sich mächtig ins Zeug, damit wir niemals Frieden haben; deshalb die Notwendigkeit, den Feinden auf die Schliche zu kommen – imaginären Feinden zumeist, wie das Pentagon kürzlich in seinen wunderbar wilden Szenarien für künftige Kriege enthüllt hat. Da das letzte Verbrechen des Kommunismus gegen die Menschlichkeit darin bestand, sich in Luft aufzulösen, haben wir keinen universellen Krieg mehr zu führen außer dem gegen die Drogen (im Jahr 1991 wurden für diesen Kreuzzug über 20 Milliarden Dollar vergeudet). Da nun nicht mehr genügend Geld für irgendeinen dieser »Kriege« vorhanden ist, gibt es auch keinen vernünftigen Grund mehr, so viele Geheimdienste zu unterhalten, sofern nicht das FBI endlich damit herausrückt, dass es dem amerikanischen Volk den Krieg erklären will, was die ultimative Lösung wäre: Schließlich hat schon Ollie North, wie in seinem Notebook zu lesen war, einen Katastrophenplan entworfen, wonach in Krisenzeiten dunkelhäutige US-Bürger zu internieren seien.

Ich würde vorschlagen, das Außenministerium besinnt sich wieder auf seine einst nützliche, wenngleich stupide Aufgabe, uns mit Informationen über andere Länder zu versorgen, so dass wir genauer erfahren, was sie gerne von uns kaufen würden. Die hysterische Suche nach Atomwaffen ist sinnlos. Schließlich haben wir oder unsere hochgeschätzten Verbündeten die ganze Welt bis an die Zähne bewaffnet. Wir verfügen weder über das Geld noch über die geistige Kapazität, um jedes Land der Erde zu überwachen, was bedauerlicherweise bedeutet, dass wir, falls irgendein schurkischer Diktator in Madagaskar vorhaben sollte, Washington, D.C., atomar oder mit biologischen Waffen auszulöschen, nicht viel dagegen unternehmen können. Gewiss würde die CIA in ihrem jetzigen Zustand als Letzte davon Wind bekommen, wenngleich sie vielleicht aus einem solch miesen Spiel als Erste Vorteil schlagen würde. Ich würde sämtliche mit dem Militär verschwisterten Geheimdienste auflösen und das FBI an die kurze Leine nehmen – keine schmutzigen Tricks mehr gegen die Leute, denen die Art und Weise missfällt, wie wir regiert werden, und keine Dossiers mehr über diejenigen unter uns, die über einen Weg aus der Misere nachdenken, in der wir stecken, einer Misere, die niemand anderer so gut verkörperte wie der verblichene J. Edgar Hoover und die am eindringlichsten von der babylonischen Festung an der Pennsylvania Avenue versinnbildlicht wird, welche immer noch seinen berüchtigten Namen trägt.

The Nation
8. Juni 1992

Mickey Mouse als Historiker

Am 3. Juni 1996 führte *The Nation* ihren Lesern in einer Grafik vor Augen, dass die meisten US-amerikanischen Medien heute einer Hand voll Unternehmen gehören. Diverse dekorative Tintenfische zierten die gewöhnlich so schlichten Seiten der Zeitschrift. Am Kopfende des eindrucksvollsten Kraken prangte *Disney-ABC,* ihm folgten als kleinere Calamares *Time Warner, General Electric-NBC* und *Westinghouse Corporation.* An allen Köpfen baumelten zahllose Tentakel – öffentliche und private Fernsehanstalten, Waffenfabriken (*General-Electric*-Flugzeugmotoren und -Nukleanturbinen) und natürlich *G.N.A.* und andere Versicherungsgesellschaften, die eine Reform des Gesundheitswesens fürchten.

Während ich mir diese Biester so betrachtete, kam ich mir vor wie Rip Van Winkle. Damals, als ich eingenickt war, hatte es meines Wissens noch das Sherman-Antitrustgesetz gegen Monopolbildung gegeben. Was war daraus geworden? Wie kann ein einzelner Oktopus einen so großen Teil der öffentlichen Meinung kontrollieren, ohne dass jemand einschreitet ... aber wer? Das ist das Problem. Die meisten Kongressabgeordneten vertreten nicht Staaten oder Menschen, sondern Konzerne und – Tintenfische. War mir John Sherman bloß im Traum erschienen? Oder hatte ihn der Drache Synergie verschlungen? Seufzend bestaunte ich diesen neuerlichen Beweis, wie eng unser

Meinungsspielraum ist. Noch ahnte ich nicht, dass mich selber schon bald die Tentakel des großen Kraken *Disney-ABC*, *General Electric-NBC* und *Hearst Corporation* umschlingen würden, deren gemeinsamer Kabelkanal *Arts & Entertainment* 1995 ein Wesen namens *History Channel* in die Welt gesetzt hatte.

»Es begann in der Kälte« – so lautet der erste Satz des historischen Abenteuerromans *Die tausend Tage Kennedys* von Arthur Schlesinger jr. Ich allerdings fror in der Londoner Kälte, wo ich für den TV-Sender *Channel 4* drei halbstündige Sendungen über die amerikanischen Präsidenten schrieb und präsentierte. Dabei hob ich die imperialen Aspekte hervor, die von Anfang an dem Amt innewohnten und die schließlich in der unerquicklichen Behauptung gipfelten, wir seien die letzte Weltmacht auf der, nun ja, eben der Welt. »Die einzige unersetzliche Nation«, erklärte Präsident Clinton – oder hat er »entsetzlich« gesagt?

In Großbritannien fand die Reihe großen Anklang. Der *History Channel* kaufte die US-Rechte. In einer 90-minütigen Sendung sollte meine Sicht der imperialen Präsidentschaft kurz vor den Parteitagen von 1996 ausgestrahlt werden. Doch dann stieg von der untersten Tentakelspitze, dem *History Channel*, durch den langen Arm der Besitzverhältnisse ein Zucken empor, setzte sich durch NBC zu dessen langjährigem Herrn und Meister *General Electric* fort und erreichte, wie ich annehme, schließlich den höchsten Mollusken, den Boss von Anaheim und Disneyland, Mickey Mouse persönlich. *Hört, Große Maus, diese Sendung greift General Electric namentlich an. Attackiert den amerikanischen Imperialismus, den es nicht gibt. Besudelt alles, was uns heilig ist.* Oh, wäre ich doch ein Mäuschen gewesen, als diese Nachricht im kalifornischen Neuschwanstein eintraf. Die leichte Lösung, wie Disneyland-Präsident Richard M. Nixon es ausgedrückt hätte, wäre gewesen, die Sendung abzusetzen. Doch hier waren raffiniertere Geister am Werk. *Wir suchen uns ein paar »Experten« wie bei diesen billigen Historienschinken, und die sollen dann den Kommunisten fertig machen.*

So geschah es, dass *General Electric* ohne mein Wissen eine Expertenrunde zusammenstellte; sie bestand aus zwei fliegengewichtigen Journalisten aus der Steinzeit des Fernsehens (Roger Mudd, Sander Vanocur) und zwei Professoren, auf deren Feindseligkeit man sich verlassen konnte (mein alter Freund Arthur Schlesinger jr., mit dessen Klienten, John F. Kennedy, ich einst unsanft verfahren bin, und ein gewisser Richard Slotkin). Selbstverständlich erhielt ich keine Gelegenheit, mich zu verteidigen; es wurde auch sonst niemand eingeladen, der meinen Standpunkt vertreten hätte. Ein Sprecher des *History Channel* erläuterte den Grund dafür: »Vidal ist *so voreingenommen,* dass wir richtige Experten hinzuziehen mussten.« Gerade erst hatte *The Nation* gewarnt, wie gefährlich es ist, wenn man zulässt, dass so wenige Konzerne die öffentliche Meinung formen und kontrollieren, und gleich darauf wurde auf meine Kosten ein Exempel statuiert.

Aufblende: Roger Mudd. Grimmig. Als Symbol seiner Furcht erregenden Machtfülle trägt er anstelle der schwarzen Kapuze des Henkers Mickey-Mouse-Ohren. Mit Abscheu beschreibt er meinen Werdegang. Verquere Argumentation: Ich hätte »bei Kennedy im Weißen Haus etwas werden« wollen und für den Kongress kandidiert, allerdings erfolglos. In Wirklichkeit hatte ich für den Kongress kandidiert, bevor Kennedy ins Weiße Haus einzog. Zudem hatte ich oben im Staat New York 20 000 Stimmen mehr bekommen als der Spitzenkandidat JFK. Während meines Wahlkampfes hatte mich Bobby Kennedy einmal in Saugerties Landing besucht. Es war − wie passend − Halloween. »Warum«, knurrte er, »erwähnst du die Spitzenkandidaten nie?« »Weil ich gewinnen will«, erwiderte ich, seinen grauenhaften Akzent imitierend. So begann unsere Fehde.

Mudd berichtet, ich sei »bissig und spitzzüngig«, lebe nicht in den Vereinigten Staaten (oder eben nur zeitweise), und warnt die Zuschauer im Voraus, hier werde ihnen nur meine persönliche säuerliche Sicht der amerikanischen Geschichte und unserer Präsidenten vorgeführt, die ich, wie Mudd erklärt, als inkompetente, habgierige Kriegstreiber darstelle. Das ist − abgesehen von der Kriegshetze − eine glatte Verleumdung. Dann versichert er uns, mit vor gerechter Empörung zitternden Mickey-Mouse-Ohren, dass am Ende der Sendung *echte*

Historiker die Fakten richtig stellen werden. Und daraufhin erscheine ich auf der Bildfläche – gebeutelt, aber ungebeugt. Ich tue so, als säße ich im Fernsehstudio des Weißen Hauses, und beginne mit ein paar säuerlichen Worten zur Tagespolitik.

Wer sich am meisten Geld beschaffen kann, um Fernsehzeit zu kaufen, hat gute Chancen, von der Hälfte der wahlberechtigten Bevölkerung, die überhaupt zur Urne geht, auch gewählt zu werden. Da immer dieselben Unternehmen unser zweiparteiiges Einparteiensystem finanzieren, geht es in diesen Wahlen wenig oder gar nicht um Politik. Dafür liefert man uns eine Menge Sex. Außerdem wird derjenige, der unterschwellig die Schwarzen am meisten hasst, immer die Mehrheit der blütenweißen Herzen und Stimmen gewinnen. Das Wort »liberal« ist abgrundtief dämonisiert worden, während der Begriff »konservativ«, der die Haltung der meisten wirtschaftlich benachteiligten Amerikaner wiedergibt, von angeblich gottesfürchtigen Interessengruppen missbraucht wird, die mit Fötus und Fahne hausieren gehen. Deshalb stürzen sich die Kandidaten heutzutage auf einen bedeutungslosen Ort namens »Mitte«, und wer immer an den Mittelpunkt dieser Mitte gelangt, gewissermaßen an den toten Punkt, erhält als Preis einen 4-Jahres-Mietvertrag für dieses Studio hier.

Dann verfolge ich die Geschichte unserer expansionistischen Präsidenten vom Kauf Louisianas durch Jefferson bis zu unserem mesopotamischen Feldherrn Bush, dessen Golfkrieg Ted Turners CNN als eine Art Home Video produzierte. Ich beende die Sendung vor dem Vietnam-Denkmal. Es war ein langer Weg, sage ich, von Jeffersons Unabhängigkeitserklärung zu »der Himmel über Bagdad ist erleuchtet«. Im Anschluss präsentiert Mudd, immer noch zitternd vor Entrüstung über diese Zumutung, einen Fernsehjournalisten namens Vanocur, der wiederum die Professoren Schlesinger und Slotkin vorstellt. Es ist offenkundig, sagt Vanocur, dass Vidal Amerika nicht mag. Arthurs Reaktion fällt milde aus. Sagen wir, er ist enttäuscht.

Als Mudd seine erste Tirade loslässt, frage ich mich, was um alles in der Welt eine solche Aufregung ausgelöst hat. Ganz offensichtlich hat keine der Marionetten ein besonderes Interesse an amerikanischer Geschichte – von Kompetenz ganz zu schweigen. Doch ich hatte die folgende Arie ganz vergessen:

Unsere Präsidenten, die im Korsett der Sicherheitsvorschriften stecken, existieren seit einer Generation nur noch als zweidimensionale Figuren auf dem Bildschirm. In gewisser Weise sind sie Gefangene des Imperiums, das sie geschaffen haben. Sie wurden in der Hauptsache dazu angeheuert, für einen Staat Werbung zu machen, der immer mehr einem Mischkonzern wie *General Electric* ähnelt. Einer unserer beliebtesten Präsidenten hat tatsächlich fast zwanzig Jahre lang für *General Electric,* einen unserer größten Waffenhersteller, die Werbetrommel gerührt. Danach zog Mr. Reagan hier ein (im Weißen Haus), und auf dem Teleprompter stand noch derselbe Text wie vorher, nämlich »Die Russen kommen«, und sein altes Make-up-Team erwartete ihn schon.

Die Expertenrunde achtete sehr darauf, ihren Mitstreiter und PR-Experten Reagan nicht namentlich zu erwähnen, dafür fand sie meine Behauptung, wir seien wirtschaftlich von Asien überholt worden, ganz unerträglich. Ich hatte Folgendes gesagt:

Da nun Japan weltweit die Führungsrolle übernimmt und somit vorübergehend China ablöst, wird Amerika zur »Bürde des Gelben Mannes«, und der Kreis schließt sich. Früher einmal war Europa der relativ leere, unzivilisierte Wilde Westen Asiens. Dann wurde Amerika zum Wilden Westen Europas. Und nun geht die Sonne, die bei uns im Westen sinkt, im Osten wieder auf.

Das versetzte Mudd einen herben Schlag, und er konnte nicht umhin zu betonen, dass der Lebensstandard in Japan niedriger sei als bei

uns – eine Banalität, durch die sich offenbar unser enormer Schulden-
berg in Asien wie durch Zauberei in Luft auflöst. Mudd erinnert die
Zuschauer daran, dass sie auch viel Negatives über die wirtschaftliche
Lage anderer Länder hören; das ist richtig, denn die Amerikaner sollen
nur ja nicht auf die Idee kommen, dass sie von ihrer Regierung übers
Ohr gehauen werden – von einer Regierung, die ihren Bürgern für
deren Steuergelder nichts bietet, Unternehmen wie *General Electric*
dagegen Milliarden für oft nutzlose Waffen und kostspielige Etat-
überschreitungen zuschiebt. Wohlwollend lässt Mudd uns wissen, dass
»fleißige Einwanderer« in unser Heimatland eilen. Natürlich suchen
Menschen aus Ländern südlich des Rio Grande, die durch unsere Mit-
schuld verarmt sind, jetzt bei uns Arbeit. Sie stammen hauptsächlich
aus Ländern, deren Sozialstruktur wir im Namen von Corporate America (United Fruit in Guatemala, I.T.T. in Chile) ruiniert haben, oder
aus Südostasien, wo durch unsere Einmischung Millionen Menschen
entwurzelt wurden, von denen sich einige unklugerweise in Richtung
Nordamerika einschifften, angelockt von unseren großzügigen Min-
destlöhnen, unserer umfassenden Gesundheitsvorsorge und den her-
vorragenden Bildungschancen.

Mit bebender Stimme und in bitterernstem Ton kommt Mudd nun
auf unser Verteidigungsbudget zu sprechen, das auf einen Bruchteil
seines früheren Umfangs gekürzt wurde und dringend wieder auf-
gestockt werden muss, wenn wir den Weltfrieden wie bisher durch
Kriege aufrechterhalten wollen. Doch unser Militärbudget ist größer
als das von Westeuropa und Japan zusammengenommen. Auch wenn
es Kürzungen im Personalbereich gegeben hat, weil Militärbasen an die
Immobilienlobby übergeben wurden, belaufen sich die Kosten für die
Einrichtungen, die Mudds Arbeitgebern zugute kommen, immer noch
auf fast 300 Milliarden jährlich.

Die beiden Historiker bekannten sich weniger offen zu *General Electric* und militärischer Stärke. Schlesinger entdeckte keine wesentlichen
historischen Verzerrungen. Aber weshalb sollte ich auch das ignorieren, was Jefferson gerne »wahre Fakten« nannte? Ich bin weder Jour-

nalist noch Hagiograph, und ich kenne die Geschichte meines Landes ebenso gut wie andere, die sie ein Leben lang studiert haben.

Schlesinger bemängelt, dass ich Jeffersons Unabhängigkeitserklärung falsch zitiert habe. Das klingt für den Durchschnittszuschauer nach einer recht schwerwiegenden Anschuldigung. Aber auch ich kann es nicht auf die leichte Schulter nehmen, wenn Arthur nicht erkennt, dass ich völlig korrekt die *ursprüngliche* Präambel zitiert habe und nicht diejenige, die vom Kongress bearbeitet und genehmigt wurde. Jefferson – und ich – bevorzugten seine erste Version, von der nur noch ein Fragment existiert; glücklicherweise hat er jedoch das Original später noch einmal niedergeschrieben: »Alle Menschen sind gleich und unabhängig geschaffen.« Der Kongress strich das »und unabhängig«. Dann: »Daraus leiten sich gewisse unveräußerliche Rechte ab.« Der Kongress (ahnte er schon, dass einst Reverend Pat Robertson und ähnliche Schlangen unser Eden bevölkern würden?) änderte das in: »Sie sind von ihrem Schöpfer mit gewissen unveräußerlichen Rechten ausgestattet.« Dass man den Schöpfer bemühte, hat unserer Unabhängigkeit nicht gut getan.

Gleich zu Anfang erwähne ich, dass »einer von Präsident Trumans Beratern einmal erklärt hat: ›Was gut für General Motors ist, ist gut für Amerika.‹ Dieser Berater war natürlich der Präsident von General Motors.« Zu Recht wendet Arthur ein, dass Charles Wilson nicht Trumans, sondern Eisenhowers Kabinett angehörte. Dennoch diente er Truman als wichtiger *Berater*. Bedauerlicherweise wurde aus meiner Sendung herausgestrichen, was er Truman riet. Hier ist der Wortlaut. Im Jahre 1944 verkündete Wilson seine These, die auf eine permanente Militarisierung der Wirtschaft abzielte: »Anstatt sich durch Abrüstung und mangelnde Vorbereitung gegen Kriege schützen zu wollen – was ich für eine äußerst zweifelhafte Doktrin halte –, versuchen wir doch lieber das Gegenteil: gründliche Vorbereitung auf der Basis einer konsequenten Planung.« Dies wurde zum Kern des *National Security Act* von 1947 und damit der neuen Nation, an deren kleinlicher Begrenztheit wir uns immer noch die Köpfe blutig stoßen.

Einen »Fehler« kann Arthur mir tatsächlich nachweisen. Tyler, nicht

Polk, hat Texas annektiert, und zwar genau drei Tage bevor Polk sein Amt antrat. Schlesinger meint auch, Präsident Jackson dürfe ich nicht zum Big Business rechnen. Aber Jackson zerschlug 1836 die Second Bank der USA, ein nützliches, wenn auch unvollkommenes Instrument der Finanzpolitik, das zu einem Fünftel den Vereinigten Staaten gehörte, und setzte zahlreiche kleine Banken an ihre Stelle, die teilweise von seinen korrupten Kumpanen geleitet wurden. Daraus entstand die große Finanzkrise von 1837. Das nenne ich Big Business in Reinkultur. Ich hatte schon immer den Verdacht, dass unser Harlekin-Historiker nie verstanden hat, welches finanzielle Desaster sein romantischer Held, über dessen »Zeitalter« er ein unterhaltsames Buch veröffentlichte, auf dem Gewissen hat.

Man kann Lincoln heute beim besten Willen nicht mehr zum Abolitionisten erklären, aber die Expertenrunde witterte eine leichte Methode, Punkte zu sammeln, indem sie feierlich versicherte, wie sehr der großherzige Lincoln die Sklaverei hasste. Ich hatte seine Einstellung bereits erläutert: »Er mochte die Sklaverei nicht, aber er fand, die Regierung habe kein Recht, das Eigentum anderer Leute zu befreien. In diesem Fall waren das drei Millionen Afroamerikaner in den Südstaaten.« Es muss wohl ein weiteres Mal darauf hingewiesen werden, dass die historischen Seminare der amerikanischen Universitäten nur so wimmeln von Propagandisten, die Lincoln umdeuten wollen. Es behagt ihnen nicht, dass Lincoln sagte, wenn er die Union erhalten könne, indem er alle Sklaven befreie, würde er das tun, und wenn er manche befreien müsse und andere nicht, würde er das auch tun, und wenn er überhaupt keine befreien könne, würde er das um der Union willen ebenfalls tun. Doch Mickys schüchterne Braut *General Electric* kann nicht zulassen, dass Lincolns Disneyland-Image von der Wahrheit befleckt wird.

An einer Stelle beschuldigt mich Slotkin, ich deute die Ereignisse rückblickend. Aber das, lieber Professor, ist doch Geschichte, oder nicht, und Sie und ich und sogar Arthur sind doch Historiker, oder etwa nicht? Es stimmt, dass ich die Aufnahme in die *Society of American Historicans* abgelehnt habe, aber ich bin deshalb nicht weniger Historiker als jene, die dafür bezahlt werden, dass sie der amerikanischen Bevölkerung die zwei Grundbausteine ihrer Gesellschaft verschweigen: das amerikanische Klassensystem (so etwas gibt es nicht, erklärt man uns kategorisch) und die Existenz eines US-Imperiums (reine Einbildung). Offenbar ist es für eine freiheitsliebende Demokratie, die geradezu süchtig nach Wahlen ist, vollkommen selbstverständlich, in sämtlichen Ländern der Erde Militärstützpunkte und Agenten und nun auch noch Anti-Terrorismus-Einheiten und Drogenhunde zu finanzieren. Als Vanocur versucht, Theodore Roosevelt vom Vorwurf des Imperialismus zu befreien, murmelt Schlesinger, der große Kriegstreiber habe eben an eine »energische Außenpolitik« geglaubt. Dann unterläuft ihm ein Fehler: T. R., sagt er, habe sich im Grunde nur für die »Beherrschung der westlichen Hemisphäre« interessiert. Nun ja, der halbe Erdball ist besser als gar nichts. Denn schließlich ist, in T. R.'s Worten, »keine Friedensleistung auch nur halb so viel wert wie der Kriegsruhm«.

Schlesinger glaubt, Jefferson und John Quincy Adams würden sich (kämen sie heute wieder auf die Erde) darüber wundern, dass wir Kanada, Kuba und andere westliche Länder nicht annektiert haben. Für die Expertenrunde ist diese edle Enthaltsamkeit der Beweis dafür, dass es so etwas wie ein US-Imperium nicht gibt. Es stimmt, dass Kanada uns nach zwei gescheiterten Invasionen entwischt ist; trotzdem unterhalten wir einen Flottenstützpunkt auf kanadischem Boden (in Argentia), und Kanada spielt seine gehorsame, wenn auch streitlustige Rolle in unserem Imperium, sowohl in ökonomischer als auch in militärischer Hinsicht. Kuba diente uns in den Jahren der Batista-Regierung als Bordell. Jetzt wird das Land, weil es sich von uns unabhängig machen will, mit einem Embargo belegt, doch auf den kubanischen Militärstützpunkt Guantánamo verzichten wir deshalb keineswegs.

Gegen Ende der »Diskussion« macht sich einer der Musketiere über die Vorstellung lustig, Big Business sei auf irgendeine Weise verantwortlich für ein US-Imperium, das nicht existiert. Und schließlich ignoriert die *General-Electric*-Runde in schöner Einmütigkeit die Schlüsselstelle meines Manuskripts:

Theodore Roosevelts Nachfolger Woodrow Wilson marschierte in Mexiko und Haiti ein, um den armen Völkern dort Freiheit, Demokratie und eine ordentliche Regierung zu bringen. Doch wenn man alle rhetorischen Floskeln des Präsidenten einmal beiseite lässt, folgte die Fahne einfach den Banken. Der Präsident war nichts anderes als der Hauptvollstrecker der großen Finanzinteressen.

Viele Jahre später ließ General Smedley Butler, kommandierender General der US-Marine, nicht nur Wilson, sondern sozusagen den ganzen imperialen Schwindel auffliegen.

Hier zeigte ich interessante Wochenschau-Filme, auf denen Butler und die Marines in Haiti, Taiwan und in den Straßen von Schanghai zu sehen sind. Dann zitierte ich ihn wörtlich:

Ich habe mich die meiste Zeit dazu hergegeben, für die Großunternehmer, für Wall Street und die Bankiers den Edelsöldner zu spielen. Kurz gesagt, ich war ein Betrüger, ein Gangster in Diensten des Kapitalismus. Ich habe 1914 mitgeholfen, Mexiko zu einem sicheren Land für die amerikanischen Erdölinteressen zu machen. In Haiti und Kuba war ich zur Stelle, damit die Jungs von der National City Bank gefahrlos ihre Profite einstreichen konnten.

In späteren Jahren ließ Butler auch in Nicaragua und in der Dominikanischen Republik seine Muskeln spielen, und zuletzt noch in China, wo die US-Marines 1927 die Interessen von *Standard Oil* schützten.

Vidal als Butler: »Al Capone hat zu seinen besten Zeiten drei Stadtteile kontrolliert. Ich operierte auf drei Kontinenten.«

Selbstredend kommt General Butler in unserer Geschichtsschreibung nicht vor.

Als Nächstes wiederholte Slotkin mit eigenen Worten das, was ich auch schon gesagt hatte – moderne Imperien darf man nicht mit denen von der altmodischen Sorte verwechseln, bei der man die Flagge auf dem Regierungssitz eines fremden Landes hisste. Von 1950 an wurden, wie ich gezeigt hatte, andere Länder durch wirtschaftliche Macht beherrscht (siehe zum Beispiel der Marshall-Plan nach dem Zweiten Weltkrieg) sowie durch eine vorzugsweise unauffällige militärische Präsenz (wie die NATO in Westeuropa), und auf politischer Ebene durch Geheimdienste wie die CIA, das FBI, die DEA und die DIA. Derzeit befiehlt das Imperium seinen Vasallenstaaten per Gesetz (die Helms-Burton-Bill), keinen Handel mit Schurkenstaaten zu treiben.

Obwohl die Sowjetunion Bankrott angemeldet hat, besitzen wir immer noch Militärstützpunkte in Belgien, Deutschland, Griechenland, Italien, den Niederlanden, Portugal, Spanien, der Türkei. Allein in Großbritannien sind es sieben Luftwaffen- und drei Marinestützpunkte. Im Jahre 1948 schickte Verteidigungsminister Forrestal zwei B-29-Gruppen nach England; es sei eine gute Idee, meinte er, die Engländer an eine permanente Präsenz der amerikanischen Streitkräfte zu gewöhnen. Um ein modernes Imperium zu schaffen und zu verwalten, muss man zunächst einen gemeinsamen Feind entdecken – oder erfinden – und dann alle potenziellen Opfer dieses Ungeheuers unter seine Fuchtel bringen, indem man mit Hilfe der Geheimdienste ihre Politik untergräbt. Denken wir nur an die CIA und Harold Wilsons Labour Party.

Heute erstreckt sich unsere militärische Präsenz auf Stützpunkte auf den Bermudas, in Ägypten, Island, Japan, Korea, Panama, auf den Philippinen, in Saudi-Arabien, Kuwait und so weiter, ganz zu schweigen von sämtlichen amerikanischen Bundesstaaten und unseren Überseegebieten einschließlich Australiens mit einer mysteriösen CIA-Basis in Alice Springs. Wenn das kein Imperium ist, dann weiß ich auch nicht. Aber wir dürfen dieses Wort nicht in den Mund nehmen, auch wenn uns die Expertenrunde nie die Gründe dafür nannte. Einmal behauptete Vanocur, ich hätte gesagt, das amerikanische Volk sei auf Eroberungen aus, dabei hatte ich vom Gegenteil gesprochen. Unser Volk neigt zum Isolationismus, und die Konzerne müssen schon kräftig manipulieren und die Präsidenten viel Unfug treiben, damit es sich für Kriege mit anderen Ländern begeistert. Leider bestätigte Schlesinger dies.

Nach Slotkins Ansicht hatte ich die Präsidenten des ausgehenden 19. Jahrhunderts pauschal als Kreaturen des Big Business bezeichnet, dabei hatte ich nur gesagt, dass die großen Unternehmen sich damals hemmungslos ausbreiteten und die Präsidenten sie gewähren ließen.

Nun erhob sich die schwerwiegende Frage, warum ich denn so böse sei, und die Mäuseohren lauschten wachsam. Laut Schlesinger gehörte ich schon 1940 in Exeter zu den Verfechtern der Parole »America First« und sei immer noch Isolationist. Daraufhin ließ sich Vanocur vernehmen, Isolationisten seien aber doch Rechte. Nein, konterte Schlesinger, viele, wie Norman Thomas (und ich), seien der Linken zuzurechnen. Bei Isolationisten fände sich doch stets auch »eine Spur Antisemitismus«, warf Vanocur nun ein, aber das war eine faule Tomate, die nicht gut ankam. Schlesinger tat seine Verwunderung darüber kund, dass es Menschen gäbe, die noch nicht verstanden hätten, dass unsere Zukunft unlösbar mit der Politik aller anderen Kontinente verknüpft sei. An diesem Punkt hätte sich eine aufschlussreiche Debatte entwickeln können. Wäre ich mit von der Partie gewesen, hätte ich gesagt, dass es für uns nie einen Grund gibt, Kriege zu führen, es sei denn, wir befänden uns in akuter Gefahr oder seien auf Beute angewiesen (ich bin kein Engel). Seit George Washington hatten Isolationisten immer die besseren Argumente. Doch da das Geld der Konzerne immer für Auslandsabenteuer gut ist, hat uns dieses Geld, zumindest bis vor kurzem, unablässig auf Trab gehalten.

Ich hatte auf Stalins drastische Abrüstungsmaßnahmen nach dem Krieg hingewiesen. Arthur parierte zu Recht mit unserer Abrüstung; auf Druck der isolationistischen Massen musste die Regierung Millionen von GIs entlassen, darunter mich. Doch zwei Tage nach der Kapitulation Japans (am 17. August 1945) kündigte Truman an, er werde den Kongress bitten, einer allgemeinen Wehrpflicht zuzustimmen – und das im Frieden! Er stellte seinen Antrag und bekam, was er wollte. Wir rüsteten auf, während sie abrüsteten. Vorübergehend.

Zwischen Mai und September 1946 begann Truman mit der Aufrüstung unseres Besatzungssektors in Deutschland, während er gleichzeitig die Franzosen dazu ermunterte, Indochina zu rekolonialisieren und sich militärisch in China und Südkorea zu engagieren. In einem Land, in dem Information und Bildung streng kontrolliert werden, dringen sehr wenige Nachrichten über die tatsächliche Situation zur Bevölkerung durch, und das ist ein großes Problem. Man versichert uns, dass der Hass auf unseren Wohlstand und unsere Gutmütigkeit die Neider aus reiner Bosheit dazu treibt, terroristische Akte gegen uns zu verüben. Der Schaden, den unsere imperialistischen Präsidenten und Konzerne anderen Völkern in jedem Winkel der Erde zugefügt haben, ist kein Thema. Das wurde uns im August vorgeführt, als mein realistischer Geschichtsabriss versehentlich in einem imperialen Nachrichtensender auftauchte und eiligst eine vierköpfige Expertenrunde zusammengetrommelt wurde, um dem Adlerkopf schleunigst wieder seine Mäuseohren anzukleben.

Als Nächstes fragt sich Vanocur, den Bestürzten mimend, warum ich so viele schreckliche Dinge über das Disneyland sage, von dem er sein kleines Gehalt bezieht. Hatte ich mich denn nicht klar ausgedrückt? Ich bin ein Patriot der alten Republik, die sich in den Jahren der Expansion allmählich aufgelöst hat und 1950 ganz verschwunden ist, als der nationale Sicherheitsstaat ihren Platz einnahm. Jetzt möchte ich, dass wir uns von einer Kriegsökonomie auf eine Friedensökonomie umstellen. Aber da die Konzerne vom Schlag einer *General Electric* diesen Wechsel nie vollziehen werden, müssen wir wohl andere Saiten aufziehen.

Als sich der unerträgliche Vanocur dann noch laut wunderte, warum ich diese Sendung überhaupt gemacht habe, antwortet ihm Arthur: »Um sich zu amüsieren – und um das Publikum zu amüsieren.« Das war enttäuschend, aber als geistige Leistung dieses Dr. Faustus von Harvard Yard durchaus würdig.

Ich habe mich bei dem Bericht über die verheerenden imperialen Aktivitäten meines Landes nicht besonders gut amüsiert. Alles, was ich wollte, war, eine Geschichte zu erzählen, wie sie nie zuvor im Fernsehen erzählt worden war – und auch nie wieder erzählt werden wird, solange *General Electric, Disney* und Co. unsere Medien besitzen und die öffentliche Meinung kontrollieren dürfen. Was können wir tun? Die Konzerne zerschlagen. Das wäre ein Anfang. Und dann – warum nicht gleich aufs Ganze gehen – vielleicht eine freie Presse, eine parlamentarische Regierung und ... Sie wissen schon, was ich meine.

The Nation (1996)

Demokratische Aussichten

Spiro Agnew, Richard Nixons Vizepräsident und eifriger Bestechungs-geld-Sammler, fühlte sich einst zu dem Satz inspiriert: »Trotz all ihrer Fehler sind die Vereinigten Staaten noch immer die größte Nation im Land.« Damit überragt Spiro noch heute, sogar angesichts des Betrugs, den der Oberste Gerichtshof bei den dreiundvierzigsten Präsidentschaftswahlen verübt hat, die anderen Schattenfiguren um ihn herum. Haben wir es nicht wieder einmal fein hingekriegt? Genau wie damals 1888, als Grover Cleveland zwar die Stimmenmehrheit errang, diese aber durch die verworrenen Regeln des Wahlmännersystems un-wirksam gemacht wurde, und wie 1876 in einem noch spektakuläreren Fall, als der Demokrat Samuel Tilden 264 000 Stimmen mehr erhielt als der Republikaner Rutherford B. Hayes, dessen Partei daraufhin die Stimmen in Oregon, South Carolina, Louisiana und – ja, je-nem schlampigen Florida anfocht. Eine vom Kongress aufgestellte Wahlkommission sprach mit einer einzigen Stimme Mehrheit dem Verlierer Hayes den Sieg zu, aufgrund juristischer Tricks, an denen ein korrupter Richter des Obersten Gerichtshofs Anteil hatte, welcher vom sakrosankten Lincoln ernannt worden war. Es wurde zwar über einen möglichen Umsturz debattiert, aber Tilden zog sich ins Privat-leben zurück und widmete sich seinen Vergnügungen, die – wie sich ältere New Yorker wehmütig erinnern werden – aus einer der größten pornografischen Sammlungen rund um den Gramercy Park in Manhattan bestanden.

Bis zum 12. Dezember genossen wir eine Reihe von still und leise vollzogenen Wahlbetrügereien, die vor der Öffentlichkeit dezent verheimlicht wurden. Aber der gegenwärtige Oberste Gerichtshof lässt mit fröhlicher Unbekümmertheit alle möglichen Katzen aus dem Sack – zum Beispiel, dass er sich voll und ganz dem verpflichtet fühlt, was die extreme Rechte euphemistisch als Familienwerte bezeichnet. Richter Antonin Scalia, der seinem Namen und seinem Aussehen nach an einen Schurken aus einer Puccini-Oper erinnert, bestätigte, was es mit diesen Familienwerten auf sich hat, als er sich im Fall Bush–Gore für nicht befangen erklärte, obwohl sein Sohn für eben die Anwaltskanzlei tätig ist, die Bush vor dem Obersten Gericht vertrat. Des Weiteren arbeitet die Gattin des Richters Clarence Thomas für die Heritage Foundation, eine Denkfabrik der extremen Rechten, und während ihr Gemahl mit weihevoller Miene den streitenden Parteien lauschte, klopfte sie mögliche Amtsanwärter für die Bush-Regierung auf ihre politische Gesinnung hin ab.

Zur gleichen Zeit betraute George W. Bush, Sohn eines gescheiterten republikanischen Präsidenten, seinen Bruder Jeb, der Gouverneur von Florida ist, mit der Aufgabe, dort für einen günstigen Wahlausgang zu sorgen.

Andererseits gehört zu diesen Familienwerten auch, dass der Gore-Clan zuweilen nicht weniger als ein halbes Dutzend Parlamente in den Südstaaten kontrollierte. Die Gores sind darüber hinaus für ihr juristisches Talent bekannt, für ihren Esprit und ihre gute Auffassungsgabe – Familienmerkmale, die der Vizepräsident bescheiden unter der Decke hielt, aus Furcht, damit die einfachen Leute auf der Straße zu verschrecken.

Amerikanische Politik ist im Grunde eine Familienangelegenheit, wie meist in Oligarchien. Als der Vater der Verfassung, James Madison, einmal gefragt wurde, wie um alles in der Welt der Kongress irgendetwas zustande bringen könne, wenn das Land einhundert Millionen Menschen zähle, die von einem halben Tausend Volksvertretern repräsentiert würden, verwies Madison auf das eherne Gesetz der Oligarchie: Es seien immer nur ein paar wenige, die den ganzen Laden schmeißen; und ihn, wenn möglich, in Familienbesitz halten.

Schließlich hatten die Gründerväter, auf die wir uns so gerne berufen, solche Furcht und Abscheu vor der Demokratie, dass sie das Wahlmännersystem erfanden, mit dem die Stimme des Volkes abgewürgt werden konnte, in ganz ähnlicher Weise, wie der Oberste Gerichtshof am 12. Dezember die Wähler in Florida abgewürgt hat. Wir sollten weder eine Demokratie sein, die sich der Tyrannei der Mehrheit unterwirft, noch eine Diktatur, die cäsaristischem Größenwahn ausgeliefert ist.

Eine weitere Katze, die aus dem Sack hüpfte, ist die Willfährigkeit des Obersten Gerichts gegenüber dem einen Prozent der Bevölkerung, dem das Land gehört. Richterin Sandra Day O'Connor vermochte beim besten Willen nicht zu erkennen, dass die Schmetterlings-Wahlzettel in Palm Beach irgendjemanden verwirrt haben könnten. Wie so oft bei uns hatte das einen rassistischen Hintergrund. Durch die veralteten Votomatic-Apparate wurden mehr Stimmen in schwarzen als in weißen Bezirken ungültig gemacht. So erhielten die unausgezählten 10 000 Stimmzettel aus Miami-Dade, die nicht dem Präsidenten zufielen, entscheidendes Gewicht. Deshalb die Hektik, mit der die Bush-Mannschaft, loyal unterstützt und ermutigt von einer Mehrheit von fünf zu vier Stimmen im Obersten Gericht, immer wieder Verzögerungen ersann, damit diese Stimmen nicht ausgezählt wurden, denn andernfalls hätte Gore die Wahl gewonnen. Tatsächlich hatte er ja bereits gewonnen, bis der Gerichtshof durch immer unverschämtere Aufschübe und Zurückweisungen und einen Seitenblick auf die unerbittlich tickende Uhr die Angelegenheit so lange hinauszögerte, dass nach Ansicht der fünf, wenn auch nicht der übrigen vier, keine Zeit mehr zum Auszählen blieb und somit das Ziel einer Übung erreicht war, bei der man ganze Lastwagen mit einer Million Stimmzettel von einer staubigen Stadt in Florida in die andere verfrachtete, damit sie unausgezählt blieben.

Im Laufe dieser zähen Komödie gab es einen faszinierenden Moment der Wahrheit, an den wir uns noch erinnern werden, wenn sich

G.W. Bush schon längst zu der immer größer werdenden Gruppe zwielichtiger Präsidenten in der Vorhölle gesellt haben wird. An dem Mittwoch vor dem Donnerstag, an dem wir dafür dankten, dass wir die Nation sind, die Agnew einst als die größte bejubelt hat, hatte sich die Wahlprüfungsbehörde von Dade County auf Anweisung des Obersten Gerichtshofes von Florida gerade daran gemacht, die Stimmzettel erneut auszuzählen, als eine organisierte Meute in das Amtsgebäude stürmte, die Auszähler bedrohte und sich weigerte, den Beamten ihre Namen zu nennen. Der *Miami Herald*, eine angesehene Zeitung, kam nach Prüfung verschiedener Hochrechnungen usw. zu dem Schluss, dass Florida mit 23 000 Stimmen Mehrheit an Gore gefallen sein musste. Nun plant der *Herald*, die unter Floridas »Sonnenschein«-Gesetzen so weit gereisten Stimmzettel unter die Lupe zu nehmen. Ich vermute, die Wahlurnen samt ihren Stimmzetteln werden unauffindbar bleiben.

Thanksgiving kam und ging. Die Stimmzettel tourten auf Floridas Fernstraßen hin und her. Gore wurde des versuchten Betrugs an einer Wahl beschuldigt, die er gewonnen hatte. Die schwarze Bevölkerung hatte inzwischen begriffen, dass ihr Votum wieder einmal ignoriert worden war. Es kam zu Aufständen. Nach dem Gesetz von Florida verliert jeder Vorbestrafte, sofern er eines Verbrechens überführt wurde, alle bürgerlichen Rechte. Deswegen ließ man Tausende von Schwarzen nicht wählen; doch die meisten von ihnen sind gar keine verurteilten Verbrecher oder haben sich nur geringfügiger Vergehen schuldig gemacht. Jedenfalls ließen sich zwei der vier Richter, die eine abweichende Meinung vertraten, durch die kalkulierten Verzögerungen davon überzeugen, dass zum Auszählen keine Zeit mehr blieb.

Richter John Paul Stevens, ein Konservativer, dem mehr an der Bewahrung der verfassungsmäßigen Freiheiten als an der Wahrung der Privilegien amerikanischer Konzerne zu liegen scheint, schrieb in seinem abweichenden Votum: »Eines jedoch ist gewiss. Obwohl wir wahrscheinlich niemals mit absoluter Sicherheit herausfinden werden, wer die Präsidentschaftswahlen in diesem Jahr gewonnen hat, steht der Verlierer bereits zweifelsfrei fest. Verloren hat das Vertrauen der

Nation in den Richter als unparteiischen Wächter über die Herrschaft des Gesetzes.«

Was werden die nächsten vier Jahre bringen? Mit etwas Glück ein totales Patt. Die beiden Häuser des Kongresses sind in zwei gleich große Hälften aufgespalten, was die Lust des Präsidenten auf Abenteuer auf ein Minimum begrenzen wird. Wenn wir jedoch Pech haben (und uns in Abenteuer verstricken), ergreift Kanzler Cheney das Ruder. Nach Ansicht dieses ehemaligen Verteidigungsministers erhält das Pentagon zu wenig Geld, obwohl es letztes Jahr 51 Prozent des frei verfügbaren Haushaltsbudgets bekommen hat. Machen Sie sich also auf den einen oder anderen kleinen Krieg gefasst, der geführt werden wird, damit die Gelder an das Militär auch weiterhin kräftig fließen. Auch wird es eine Steuersenkung für die Superreichen geben. Aber ob gutes oder schlechtes Szenario – von dem putzigen Halbaffen George W. Bush werden wir wenig zu sehen bekommen. Das Militär – Cheney, Powell und Konsorten – wird den Ton angeben und das ganze Land in einen dauerhaften Alarmzustand versetzen, denn der Terrorismus ist – wie uns James Baker bereits gewarnt hat – allerorten auf dem Vormarsch. Da können wir gar nicht wachsam genug sein. Willkommen in Asunción. Ja! Wir haben keine Bananen.

The Nation
8.–15. Januar 2001

Drei Lügen, mit denen sich regieren lässt

Am Ende geriet der amerikanische Präsidentschaftswahlkampf des Jahres 2000 scheinbar (und noch vor dem Betrug) zu einer Frage des Charakters. Genau genommen zur Frage des Charakters zweier männlicher Mitbürger, die bis dato kein auffälliges Interesse am Gemeinwesen zu erkennen gegeben hatten. Aber »Persönlichkeit« ist schließlich das Einzige, womit unsere Medien zurechtkommen, sorgt doch das politische System der USA trotz immer kostspieligerer Wahlen dafür, dass nichts, was offenkundig politischer Natur ist, diskutiert wird. Es stimmt: Einer der Kandidaten schlug wagemutig, wenngleich nur kurzzeitig, vor, dass das eine Prozent der Bevölkerung, dem der Großteil des Landes und außerdem ein gutes Stück des Globus gehört, vielleicht nicht noch weniger Steuern zahlen sollte als bisher. Da war es passiert. Für einen Moment schnellte im frühen Morgenlicht bei CNN die rote Fahne hoch, aber beim letzten Schein der Abenddämmerung war das Banner wieder eingerollt, und wieder einmal hatte man von einem brisanten Thema die Finger gelassen.

Was ist ein brisantes Thema? Gegenwärtig geben die Vereinigten Staaten zweiundzwanzig Mal so viel Geld für die Rüstung aus wie alle unsere potenziellen Feinde (die sieben designierten Schurkenstaaten von Belang) zusammengenommen. Früher einmal gehörte zu echter Politik, dass offen gelegt wurde, wohin die Steuergelder der Bevölkerung fließen und weshalb. Da gegenwärtig das amerikanische Militär mehr als die Hälfte der jährlichen Staatseinnahmen einstreicht, sollte das das wichtigste Thema sein, über das zu sprechen wäre. Aber nicht in diesem Jahr, und so verpflichteten sich die Kandidaten gehorsamst, die Große Kriegsmaschine mit noch mehr Geld zu füttern, auf dass sie auf der Suche nach Feinden träge über den Globus ziehen kann und uns als Gesprächsthema nur mehr die Frage des Charakters bleibt. Des *moralischen* Charakters. Oder, wie Dr. Elaine May es einmal treffend formulierte: »Mir ist ein moralisches Problem wesentlich lieber als ein wirkliches Problem.«

Obwohl sich einer der Kandidaten sofort als Hohlkopf zu erkennen gab und obendrein als Legastheniker (Einspruch der Verteidigung: Das ist nicht *sein* Fehler, also weshalb darauf herumreiten?), gibt es, wie man uns streng erklärt, bei einem Präsidenten Schlimmeres zu bemängeln. Was zum Beispiel? *Zum Beispiel das Lügen.* Als dieser Knoblauchzopf hochgezogen wurde, lief uns Bauern in unseren transsylvanischen Dörfern ein Schauder über den Rücken, denn wir vernahmen von jenseits der gespenstischen Moore das Geräusch großer lederner Flügel. Die Untoten hatten sich in die Lüfte erhoben.

Einer der Kandidaten wurde als Lügner hingestellt, weil er übertrieben hatte. Er hatte zwar nicht behauptet, er allein habe das Internet erfunden, aber er tat, als hätte er mit dessen frühem Start mehr zu schaffen, als es tatsächlich der Fall war. Schlimmer noch: Er sagte, die Medikamente seiner Schwiegermutter seien teurer als die gleichen Medikamente für seinen Hund, während er in Wirklichkeit entweder keine Schwiegermutter oder keinen Hund hatte – ich weiß nicht mehr, wie es war. Der Republik stockte der Atem. Was für eine Niedertracht! Wie könnten wir einem so durchtriebenen Menschen die Pfeile des Kriegs und den Lorbeer des Friedens anvertrauen? Alles in allem waren die zwei bis drei Milliarden Dollar, die das spendable eine Bevölkerungsprozent mittels seiner Zahlmeister in den Konzernen für die Wahl hatte springen lassen, unterm Strich so unmaßgeblich wie noch nie in unserer politischen Geschichte, die darauf hinauszulaufen scheint, aus Darwin einen Affen zu machen und gleichzeitig den

Schöpfungsglauben – in seiner manichäischen Version – zum höchsten Prinzip zu erheben.

Der Spruch des Tages stammt von Montaigne:»Die Lüge ist ein abscheuliches Laster. Allein unsere Worte verbinden uns miteinander und machen uns zu Menschen. Würden wir die Abscheulichkeit und die Tragweite der Lüge begreifen, würden wir einsehen, dass ihr der Scheiterhaufen mehr gebührt als anderen Verbrechen ... Hat sich die Zunge erst einmal an das Lügen gewöhnt, wirst du staunen, wie unmöglich es ist, es ihr wieder auszutreiben.«

Aber wir wollen nicht vom Volk reden, jenen alle vier Jahre wiederkehrenden Speerträgern, sondern von den beiden Paladinen; einem der beiden wird gerade das schrecklich scharfe atomare Schwert anvertraut, wodurch er zur robustesten Verkörperung der großartigsten und anständigsten Nation avanciert.

»Wir sind eine Nation, die auf Wahrheit gründet«, verkündeten uns unablässig die republikanischen Sachwalter des Amtsenthebungsverfahrens gegen den Sex-Schwindler Präsident Clinton, ohne zu merken, dass dessen Wählerschaft sich perverserweise um ihn scharte. Zweifellos angetan von der Metaphysik seines »Was bedeutet ›ist‹?«. Denn schließlich: Was ist Wahrheit, wie ein römischer Beamter einst geistesabwesend fragte. Jedoch ... »Jedoch« ist eines der nettesten Wörter, wenn man es logisch und nicht bedeutungsschwer gebraucht. Das amerikanische Weltreich beruht auf einer Reihe atemberaubender Lügen seiner Präsidenten, die unsere Hofchronisten selten anzuzweifeln wagen. Man könnte meinen, Hitler und Konsorten hätten es richtig gemacht, was die Leichtgläubigkeit der Menschen angeht: Je dreister die Lüge, desto wahrscheinlicher, dass sie geglaubt wird. Der Preis eines womöglich gar nicht existierenden Hundemedikaments wird nicht unwidersprochen geglaubt, aber die Behauptung, Präsident Franklin Delano Roosevelt habe vorsätzlich die Japaner provoziert und sie damit zu einem Angriff und uns zum Eintritt in den Zweiten Weltkrieg bewegen wollen, ist einfach nicht statthaft. Das erste Gebot des zeitgenössischen Journalismus, »Was nicht wahr sein darf, ist auch nicht wahr«, wird flugs von jenen übernommen, die »historische« Darstellungen für den Schulgebrauch verfassen. Zum Glück lebe ich lange genug, um mir die vier schönsten Wörter der englischen Sprache zu gönnen: »I told you so« – »Ich hab's dir doch gesagt«.

In meinem 1973 erschienenen Buch *Burr* erwecke ich das Bild jenes dämonisierten Aaron Burr wieder zum Leben. Dabei schrieb ich wahrheitsgemäß, dass sein Oberdämonisierer Thomas Jefferson, der für vieles zu bewundern ist außer für seinen Hang zur Heuchelei, in einem eheähnlichen Verhältnis mit dem Sklavenmädchen Sally Hemings lebte und mit ihr eine Reihe von Kindern zeugte, die allesamt weiter als Sklaven gehalten wurden. Dumas Malone, zurzeit der führende Jefferson-Biograf, denunzierte daraufhin mein Porträt von Jefferson als »subversiv«, weil – wie er es formulierte – kein Gentleman sexuelle Beziehungen mit einer Sklavin unterhalten haben könne, und da Mr. Jefferson der größte Gentleman seiner Zeit gewesen sei, könne er nicht ... Auf solch törichten Schlussfolgerungen gründen nationale Mythen. Kürzlich ergaben Analysen, dass viele der Abkömmlinge von Hemings die goldene DNS von Jefferson höchstselbst in sich tragen. Loyalisten behaupten, der Vater von Sallys Kindern sei ein geisteskranker Neffe gewesen. Wie bitte? Da Jefferson und Sally in Monticello wie Mann und Frau zusammenlebten, kann man bei der Vorstellung, der Neffe habe sich mit dem Banjo in der Hand immer mal wieder den Hügel hinauf ins Haus geschlichen, um sich von Jeffersons Gefährtin aufs Kreuz legen zu lassen, nur fassungslos den Kopf schütteln. So viel zu einer faustdicken Lüge, die die Hofschreiber und andere Propagandisten beharrlich wiederholen, damit die Amerikaner sie glauben. Weshalb das so überaus wichtig ist? Da die Beziehung zwischen Schwarz und Weiß für die Amerikaner nach wie vor das heikelste aller Themen ist, muss Jefferson als Person ebenso lupenrein sein wie seine großartige Formulierung und Einladung an die Völker der Welt: das Streben nach Glück.

Das war gestern. Heute löst schon der leiseste Zweifel an den drei machtvollen Mythen, die zu akzeptieren die Amerikaner und ihre Helfer in anderen Ländern verpflichtet sind, Feueralarm aus. In *The*

Golden Age (das sich hauptsächlich mit den Jahren 1940–1950 aus dem Blickwinkel unserer Herrscher in Washington, D.C., beschäftigt; auf Deutsch *Das goldene Zeitalter*) zeige ich an drei Beispielen, wie US-Präsidenten faustdicke Lügen aufgetischt haben. Der eine, Franklin Delano Roosevelt (dessen Innenpolitik – den New Deal – ich bewundere), provozierte die Japaner vorsätzlich, damit sie uns in Pearl Harbor angriffen. Weshalb? Wie schon 1940 wollte er uns in den Krieg gegen Hitler führen, aber 80 Prozent der US-Bevölkerung lehnten nach den Enttäuschungen von 1917 die Beteiligung an einem Krieg in Europa kategorisch ab. Roosevelt gelang es nicht, die Wählerschaft von ihrer isolationistischen Haltung abzubringen. Zum Glück für ihn (und vielleicht auch für die Welt) war Japan ein Militärbündnis mit Deutschland und Italien eingegangen. Schon seit mehreren Jahren führte Japan in imperialistischer Absicht einen Eroberungsfeldzug gegen China. Insgeheim versuchte nun Roosevelt, die Japaner durch gezielte Sticheleien zu reizen, was schließlich zu ihrem Angriff auf unsere Flotte in Pearl Harbor führte, der wiederum unseren sofortigen vorbehaltlosen Eintritt in den Zweiten Weltkrieg unvermeidlich machte. Es sind zahlreiche Studien zu diesem Thema veröffentlicht worden, angefangen bei dem bereits 1941 publizierten Buch *President Roosevelt and the Coming of War* von Charles A. Beard, bis hin zu dem jüngst erschienenen Werk *Day of Deceit* von Robert B. Stinnett, über das zurzeit in den Vereinigten Staaten heftig debattiert wird. Stinnett beschreibt am detailreichsten die Schritte zu dem von Roosevelt ausgelösten Krieg, darunter auch das Ultimatum an Japan vom 26. November 1941, in dem er den Abzug aus China und die Aufkündigung des Pakts mit den Achsenmächten fordert; dadurch blieb Japan keine andere Wahl als der Krieg, was ja Zweck der Übung war.

Der zweite große Mythos besagt, Harry Truman, Roosevelts Nachfolger, habe die beiden Atombomben nur deshalb auf Hiroshima und Nagasaki abwerfen lassen, weil er befürchtete, dass bei einer Invasion eine Million Amerikaner umkommen könnten (das war die Lüge, die er seinerzeit verbreitete). Admiral Nimitz, der im Pazifik vor Ort war, und General Eisenhower, der irgendwo anders vor sich hin sinnierte, widersprachen dem Präsidenten: Ihrer Ansicht nach hatten die Japaner den Krieg bereits verloren. Atombomben oder eine Invasion seien nicht mehr nötig gewesen; außerdem hatten die Japaner seit Mai 1945, nachdem Tokio von B-29-Bombern der US-Luftwaffe zerstört worden war, die Kapitulation angeboten.

Der dritte große Mythos lautet, dass die Sowjets den Kalten Krieg anzettelten, weil sie, angetrieben von dem machtversessenen Möchtegern-Weltbeherrscher Stalin, Deutschland geteilt hatten und uns dadurch zwangen, die westdeutsche Republik zu errichten. Als uns dann Stalin bösartigerweise den Zugang zu unserem Sektor in Berlin verweigerte (das noch unter der Kontrolle der vier Mächte stand, wie es in Jalta beschlossen worden war), boten wir ihm mit einer Luftbrücke die Stirn. Daraufhin machte Stalin einen Rückzieher, und seine Pläne, in Frankreich einzumarschieren, über den Atlantik zu setzen und so weiter, waren vereitelt.

Das sind drei große Mythen, von denen die meisten damaligen Historiker wussten, dass sie erfunden waren, was jedoch von den Hofchronisten, inbesondere jenen im Sold von Universitäten mit staatlichen Fördergeldern für Forschung und Entwicklung, entweder heruntergespielt oder schlichtweg geleugnet wird.

David Hume lehrt uns, dass die Vielen von den Wenigen mittels Meinungsmache im Zaum gehalten werden. Die *New York Times* ist in den Vereinigten Staaten der Meinungsmacher der Wenigen für einige der Vielen; wenn diese Zeitung etwas als Wahrheit verkündet, greifen es die Zeitungen in anderen Ländern auf und plappern es nach. In *The Golden Age* beschreibe ich − einfühlsam, wie ich finde − das Leben in Washington während des Jahrzehnts von der Kapitulation Frankreichs über Pearl Harbor und den Kalten Krieg bis hin zu Korea. Niemand benötigt irgendwelche historischen Kenntnisse, um meiner Darstellung folgen zu können. Dennoch war ein amerikanischer Kritiker erzürnt darüber, dass ich nicht wisse, wie »verdummt« (so seine Formulierung) die Amerikaner seien, und wie ich es wagen könne, über Leute zu schreiben, von denen man noch nie etwas gehört habe, zum Beispiel Harry Hopkins?

Ich halte mich jedoch für einen so erfahrenen Erzähler, dass ich darauf vertraue, dass jede der geschilderten Figuren – mühelos, wie ich hoffe – aus ihrem Kontext heraus verständlich wird. Leider lautet die neue Volksweisheit, man dürfe nur über das schreiben, was die Leser bereits wissen; dies würde zumindest in diesem Fall zu einer unwahren Geschichte führen.

Die *New York Times* heuerte einen britischen Journalisten an, der einst für die *New Republic* gearbeitet hat, eine Zeitung der extremen Rechten, die mir nicht gewogen ist (sie ist ein propagandistisches Sprachrohr des israelischen Likud-Blocks, so wie die *Washington Times* die Linie ihres Eigentümers, des Koreaners Dr. Sun Moon, vertritt). Besagter Journalist hatte keine Ahnung von der Zeit, über die ich geschrieben habe. Er zitiert einen Satz Herbert Hoovers, von dem er glaubt, ich hätte ihn mir ausgedacht, während ich von historischen Personen nur das zitiere, was sie angeblich gesagt haben.

Für Hoover war, zu Recht oder zu Unrecht, Roosevelt aus demselben totalitären Holz geschnitzt wie Hitler, Mussolini und Stalin: »Man kann den staatlichen Machtbereich nicht über das alltägliche Arbeitsleben eines Volkes hinaus ausdehnen, ohne den Staat zum Beherrscher der Seelen und Gedanken des Volkes zu machen.« Unser bester Zeithistoriker, William Appleman Williams, schrieb 1972 in *Some Presidents: Wilson to Nixon*, Hoover sei im ersten Drittel des 20. Jahrhunderts von der Vorstellung besessen gewesen, der Virus der totalitären Herrschaft habe sich über die ganze Welt ausgebreitet, und Hitler mit seiner Dämonie, Stalin mit seinem tödlichen Bürokratismus und Roosevelt mit seinem Weltverbesserertum wären diesem Zeitgeist erlegen.

Für einen rechtsgerichteten Lohnarbeiter hätte das eine tief greifende Analyse sein können, aber der Kritiker versäumt es, dies aufzugreifen. Er ignoriert auch Hoovers erstaunliche Nebenbemerkung: »Was dieses Land braucht, ist eine große Dichtung.« Am übelsten zieht dieser Kritiker gegen die Seriosität meiner Darstellung (und derjenigen der Historiker, auf die ich mich beziehe) vom Leder, wenn er ohne jeden Beweis erklärt, dass … Aber ich will hier lieber aus einem Brief des Historikers Kai Bird zitieren, der zu meinem Erstaunen von der *New*

York Times abgedruckt wurde (die Zeitung unterdrückt ja gewöhnlich alles, was sich allzu kritisch mit ihr oder ihren Meinungsmachern auseinander setzt):

> Zweimal weist der Kritiker Vidals Behauptung als »dumm« von der Hand, Harry Truman habe die Atombombe gegen Hiroshima unnötigerweise eingesetzt, weil Japan schon seit Monaten die Kapitulation angeboten habe.
>
> Solche Behauptungen sind weder dumm noch ... ein Produkt von Vidals »wunderlichem politischen Denken«. Vidal greift vielmehr in kluger Weise auf eine reichhaltige wissenschaftliche Literatur zurück, die in den vergangenen zehn Jahren erschienen ist, um seinen Lesern klarzumachen, dass vieles von dem, was orthodoxe Hofgeschichtsschreiber über den Kalten Krieg verbreiten, schlichtweg falsch ist. Im Hinblick auf Hiroshima hatte Vidal vielleicht Trumans handschriftliche Tagebucheintragung vom 18. Juli 1945 im Sinn, in der von einem »Telegramm des japanischen Kaisers mit der Bitte um Frieden« die Rede ist.

Oder den folgenden Auszug aus dem Tagebuch Walter Browns vom 3. August 1945:

> Brown schildert ein Treffen mit Außenminister James F. Byrnes, Admiral W.D. Leahy und Truman, bei dem alle drei darin übereinstimmen, dass »die Japsen Frieden wollen« ... Truman jedoch war entschlossen, die Bomben einzusetzen; und er tat es auch. Weshalb? Um Stalin zu erschrecken, einen passenden Feind der Vereinigten Staaten, die sich gerade daran machten, sich von einer unordentlichen Republik in einen nationalen Sicherheitsstaat zu verwandeln, der in Charles A. Beards Worten »den ewigen Krieg für den ewigen Frieden« führt.

Ich fürchte, dass die Kritik von *The Golden Age* im *Times Literary Supplement* nur die Ungenauigkeiten der in der *New York Times* erschienenen Rezension wiederkäut; der Kritiker ist unverkennbar ein amerikanischer Neokonservativer, der seinen Spaß an der kruden Umkehr der Kategorien hat. Die eingefleischte Rechte in den USA hat kein nennenswertes Interesse an der Bevölkerung an sich, verneigt sich jedoch vor jenem einen Prozent, das ihr ihre Zeitungen und Denkfabriken finanziert. Der Kritiker unterstellt mir eine »allumfassende verächtliche linke Haltung«, die sich durch »höhnische Missachtung der ›niedrigeren Schichten ... des ziemlich diffusen amerikanischen Volks‹« auszeichne. Das ist der älteste Trick, wenn man ein Buch verreißen will. Wenn ein Autor zum Beispiel schreibt: »›Ich hasse Amerika‹, kreischte der kommunistische Spion«, macht der unredliche Buchkritiker daraus: »An einer Stelle gibt der Autor sogar zu, dass er Amerika hasst.« Mir ist jedoch kein »Linker« (was zu definieren wäre) bekannt, der das Volk verhöhnt, was ein Populist nicht von sich behaupten kann. Da beschäftige ich mich lieber damit, was dem Volk von jenem einen Prozent dadurch angetan wurde, dass es den nationalen Wohlstand und die, wie es aussieht, hausgemachte Meinung beherrscht. Der Kritiker missversteht sogar meine klare Schlussfolgerung, dass eine Ära zu Ende ging – zum Glück, wie ich finde –, als die traditionelle amerikanische Dienstbotenklasse aufhörte zu existieren, und zwar dank der 13 Millionen von uns, die in den Streitkräften dienten, und dank des umfassenden Arbeitseinsatzes von Frauen während des Zweiten Weltkriegs. Dass einige der dümmeren Meinungsmacher diese Entwicklung bedauern, gehört zur Gesellschaftskomödie innerhalb meiner Geschichte, ist aber zugegebenermaßen nicht so hoch einzuschätzen wie die unfreiwillige Komödie, die die Rechten aufführen, wenn sie eine unerwiderte Leidenschaft für Demonstrationen heucheln.

Der dritte Mythos schließlich lautet, Stalin habe den Kalten Krieg vom Zaun gebrochen, indem er Deutschland in zwei Hälften teilte und gleichzeitig uns aus unserem Sektor in Berlin zu vertreiben versuchte. Ich zitiere hierzu die Autorität, die am besten beantworten kann, was Truman nach der Konferenz von Potsdam im Sinn hatte, als er Stalin traf, der wiederum nach Jalta erwartet hatte, in einem vernünftigen Gleichgewicht mit den USA zu leben. Hier ein Auszug aus dem 1996 erschienenen Werk *Drawing the Line: The American Decision to Divide Germany, 1944–1949* von Carolyn Eisenberg:

> Für die Verhängung der Berlin-Blockade hatte Präsident Truman die simple Erklärung parat, wonach die Russen in ihrem ruchlosen Bestreben, die frühere deutsche Hauptstadt an sich zu reißen, auf den zu Kriegszeiten geschlossenen Vereinbarungen herumtrampelten. Der Präsident verschwieg jedoch, dass die Vereinigten Staaten [einseitig – meine Einfügung] Jalta und Potsdam aufgekündigt hatten, dass die USA trotz der Befürchtungen vieler Europäer die Gründung eines westdeutschen Staates vorantrieben und dass die Sowjets die Blockade verhängten, um eine Teilung zu verhindern.

Diese faustdicke Lüge wirkt bis zum heutigen Tag fort. Bitte schicken Sie mir jetzt keine Briefe über den Terror des Gulag, Stalins schlechte Behandlung der Pufferstaaten und so weiter. Es geht hier darum, dass wir die Wahrheit schwer entstellt haben und deshalb, solange dies nicht richtig gestellt wird, dazu verdammt sind, in einem ständigen Nebel des Unbegreifens um uns zu schlagen. Guten Morgen, Vietnam!

Welche Haltung die Truman-Regierung gegenüber der Wahrheit an den Tag legte, verdeutlicht am besten sein Außenminister Dean Acheson in seinen Memoiren *Present at the Creation: My Years in the State Department* von 1969. Es war Acheson, der am 27. Februar 1947 das Weltimperium aus der Taufe hob. Ort des Geschehens: der Kabinettsraum im Weißen Haus. Anwesende: Truman, Außenminister Marshall, Staatssekretär Acheson und ein halbes Dutzend Kongressführer. Den Briten war wieder einmal das Geld ausgegangen, so dass sie der Vereinbarung nicht nachkommen konnten, dafür zu sorgen, dass Griechenland nicht vom Pfad der Freiheit abwich. Könnten wir da nicht einspringen? Zwar hatte Stalin die griechischen Kommunisten gewarnt, dass ihr Land zur Einflusssphäre der USA gehöre und sie daher von ihm keine Hilfe erwarten durften, aber Truman wollte trotzdem aufrüsten. Wir mussten schließlich Flagge zeigen. Marshall gelang es jedoch nicht, die Kongressführer zu überzeugen. Da sprang Acheson, ein hervorragender Unternehmensanwalt und überaus geistreicher Mann, in die Bresche. Er wurde leidenschaftlich. Die freie Welt stehe auf dem Spiel. Ja, es drohe ein Armageddon. Sollten die Russen zuerst Griechenland und dann die Türkei besetzen, wären drei Kontinente in Gefahr. Acheson griff auf das unverwüstliche und altvertraute Bild von dem einen faulen Apfel zurück, der in einem Korb ... Schließlich, waren wir nicht die Erben des römischen Imperiums? War die Sowjetunion nicht unser Karthago? Hatten denn unsere Punischen Kriege nicht schon begonnen? Wir dürften nicht wagen, sie zu verlieren. »Amerika bleibt keine Wahl. Wir müssen jetzt handeln, um unsere Sicherheit zu verteidigen ... um die Freiheit selbst zu verteidigen.« Es wurde vereinbart, dass Truman in diesem Sinn eine Ansprache an die Nation halten und dem amerikanischen Volk Angst und Schrecken einjagen sollte, woraufhin der Kongress das finanzieren würde, was sich zu dem ein halbes Jahrhundert dauernden Kalten Krieg auswachsen sollte, der bisher rund 7,1 Billionen Dollar verschlungen hat.

In der Rückschau schrieb Acheson fröhlich: »Als wir unseren Standpunkt deutlicher vortrugen, als es der Wahrheit entsprach, taten wir nichts anderes als die meisten Pädagogen, und uns blieb auch kaum etwas anderes übrig.« Schließlich grüble nach Ansicht des Außenministeriums, wie Acheson schrieb, der Durchschnittsamerikaner nicht mehr als zehn Minuten pro Tag über die Außenpolitik nach; heutzutage verbringt er noch viel weniger Zeit mit diesem Thema, da die Fernsehwerbung alles deutlicher machen kann als die Wahrheit.

Heute stehen wir nicht am Rand, sondern sind bereits über ihn hinaus gefallen. Zum Glück zeigen diese Wahlen, dass wir unseren alten Tummelplatz, Armageddon, verlassen haben. Wir ereifern uns heute lieber über geringfügigere Vergehen wie das Autofahren in betrunkenem Zustand oder den wahren Preis für jenes Medikament der Schwiegermutter im Verhältnis zu dem Preis der Arznei für das Schoßhündchen. Dabei hätte der Kandidat, wäre er seinen Wurzeln treu geblieben, in einer Seitenstraße von Carthage in Tennessee zwei Prisen billigen Schwefels erwerben können, die ausgereicht hätten, sowohl die Schwiegermutter als auch den Hund ruck, zuck zu entwurmen.*

The Times Literary Supplement
10. November 2000

* Ich erinnere daran, dass sich J.Q. Adams über Thomas Jeffersons »großspurige Geschichten« beklagte. Ein Beispiel? Jefferson behauptete, in neunzehn Tagen auf einem transatlantischen Schiff Spanisch gelernt zu haben.

Japans Absichten im Zweiten Weltkrieg

Sir,

ich stehe in der Schuld von Clive James, der kurz und bündig zusammenfasste, was mindestens 90 Prozent der allgemeinen Meinung über Beginn und Ende des amerikanisch-japanischen Krieges von 1941–1945 ausmacht (Briefe, 24. November). Lässt man gelegentliche melodramatische Anklänge außer Acht, könnte man meinen, Dr. Barry Humphries habe in seinem fledermausbevölkerten Labor Überstunden gemacht, um dort ein weiteres australisches Monster zusammenzubasteln: einen Lieutenant Colonel a. D., ausgestattet mit einer kolossalen Weltanschauung, die sich aus der Boulevardpresse Australiens speist.

James legt mit Volldampf los: Vidal entwerfe »mit erhobenem Zeigefinger das Hirngespinst«, die »Führungsklasse« des amerikanischen Imperiums halte »Washington für den Mittelpunkt der Welt. Leider scheint Vidal derselben Ansicht zu sein.«

Ja, die Führungsklasse glaubt das. Ja, und ich glaube es auch. Washington war tatsächlich fast das ganze 20. Jahrhundert hindurch der unangefochtene Mittelpunkt der Welt, was ich zu bedauern geneigt bin. In meinem Buch *The Golden Age* beschäftige ich mich mit dem Jahrzehnt von 1940 bis 1950, als sich die Neue Welt global auszurichten begann.

Mein Ausgangspunkt ist die Zeit, als über dreitausend britische

Agenten, Propagandisten und Spione nach Washington strömten. Ja, ich war seinerzeit dort. Als Angehöriger einer isolationistisch eingestellten Familie, die »ein gastliches Haus führte«, wie man bei uns zu sagen pflegte, konnte ich mit eigenen Augen den brillanten John Foster in Aktion erleben. Foster gehörte zum Mitarbeiterstab des britischen Botschafters Lord Lothian. Er bezauberte die Washingtoner, während er insgeheim mit Ben Cohen, einem Anwalt des Weißen Hauses, am Entwurf für das Lend-Lease-Abkommen arbeitete, jenem Geniestreich, mit dem Präsident Roosevelt England erstmals zu Hilfe kam. Die Bewohner jenes anderen Mittelpunkts, Canberra, haben gewiss eine andere Version der Geschichte parat.

Ich vertrete den wenig originellen Standpunkt, dass Franklin Roosevelt die Japaner zu einem Angriff gegen uns provoziert hat, und zwar aus Gründen, auf die ich noch zu sprechen komme.

Der bis an die Zähne mit allgemeiner Meinung (im Folgenden »AM«) bewaffnete James erklärt uns nun, Japan sei von der japanischen Armee zum Kriegseintritt angestachelt worden, denn diese habe »seit 1922 über die Möglichkeit verfügt, das Kabinett zu erpressen, und dies auch unablässig getan, bis zur Kapitulation 1945«, welche laut AM durch den Entschluss des tapferen Harry Truman herbeigeführt wurde, zwei Atombomben abzuwerfen. Nichts davon stimmt mit dem überein, was wir seit geraumer Zeit über die Abläufe innerhalb des komplizierten japanischen Herrschaftssystems wissen, ganz zu schweigen von unserem eigenen. Es gab tatsächlich eine kriegslüsterne Partei innerhalb des japanischen Militärs, die mit aller Gewalt einen möglichst großen Teil Chinas erobern wollte, um Zugriff auf das Öl in Südostasien zu bekommen. Es gab aber auch eine Friedenspartei, angeführt von Fürst Konoye, dem sehr an einem Treffen mit Roosevelt gelegen war, wie man im August 1941 sehen konnte; Roosevelt hingegen schob eine solche persönliche Unterredung zur Ausräumung der Differenzen immer wieder hinaus. Wäre Roosevelt an einem Frieden im Pazifik interessiert gewesen, hätte er sich mit Konoye treffen können, so wie er sich heimlich mit Churchill traf, um mit ihm ein Thema zu besprechen, von dem gleich noch die Rede sein wird.

James schreibt richtigerweise, dass wir den als »Purple« bezeichneten diplomatischen Code der Japaner hatten entschlüsseln können, aber er scheint nicht zu wissen, dass wir bereits im Oktober 1940 auch viele der japanischen Militärcodes geknackt hatten, insbesondere Teile des »Kaigun Ango«: die neunundzwanzig verschiedenen Codes der Marine, wodurch wir schon ein ganzes Jahr vor Pearl Harbor immer recht genau wussten, was die japanische Flotte vorhatte. Von der AM lässt sich James bestätigen, dass Roosevelt, hätte er wirklich Krieg gewollt, dem Tenno nicht am 6. Dezember ein Telegramm geschickt hätte, in dem er angeblich nur seinen sehnlichsten Wunsch bekundete, die Japaner möchten doch darauf verzichten, die in Indochina besiegten Franzosen ersetzen zu wollen. James scheint den Kontext dieses Telegramms nicht zu kennen.

Hier ist er: Am Samstag, den 15. November 1941, berief General Marshall, Stabschef der US-Armee, die Ressortleiter mehrerer Washingtoner Zeitungen zu sich. Nachdem sie sich zur Geheimhaltung verpflichtet hatten, teilte ihnen Marshall mit, dass wir die japanischen Marinecodes entschlüsselt hatten und der Krieg gegen Japan innerhalb der ersten zehn Tage im Dezember beginnen würde. Am 26. November legte Roosevelts Außenminister Cordell Hull den beiden japanischen Sondergesandten in Washington einen Zehn-Punkte-Katalog vor, in der Absicht – wie Hull später dem Kriegsminister Stimson erläuterte –, »die Sache in Schwung zu bringen«. Zum Ultimatum des Präsidenten meinte Hull später: »Wir erwarteten nicht ernsthaft, dass Japan es annehmen würde ...« Und wie lautete das Ultimatum? Vollständiger Rückzug Japans aus China und Indochina, japanische Unterstützung der nationalchinesischen Regierung und Aufkündigung des Dreierbündnisses mit den Achsenmächten. Roosevelt hatte den ersten Schritt getan. Nun wartete er darauf, dass die Japaner den nächsten taten. Was auch geschah. Der AM zufolge wurden wir völlig überrumpelt. Auf Roosevelt traf das gewiss nicht zu. Überrumpelt wurden hingegen die Militärkommandeure in Pearl Harbor, die man nicht vorgewarnt hatte; dadurch kamen bei einem einzigen Angriff dreitausend Mann ums Leben.

Mit der Frage nach den Beweggründen für diesen Angriff hat sich die AM schon immer schwer getan. Da es undenkbar war, dass Roosevelt uns reinlegte, wieso wollten dann die Japaner einen reichen Kontinentalstaat in 4000 Meilen Entfernung angreifen? Zum Glück kann die AM jederzeit auf eine dämonische Geschichtsdeutung zurückgreifen: Als Rasse seien die Japaner zum Selbstmord veranlagt. Und zudem habe dieses kaum menschliche, bestialische Volk Augen, die so beschaffen sind, dass man mit ihnen niemals ein modernes Flugzeug oder einen Bomber steuern kann. Als junger Soldat im Pazifik hat man mir und allen anderen solch rassistischen Blödsinn eingetrichtert. Sollte diese dämonische Deutung des japanischen Charakters jedoch nicht zutreffen, muss man sich fragen, weshalb das japanische Militär angesichts eines schwierigen Eroberungsfeldzugs in China, der den Wohlstand und die Energie Japans in jeder Hinsicht aufzehrte, einen Krieg mit den so weit entfernten Vereinigten Staaten hätte anzetteln wollen. Die AM hatte sechzig Jahre Zeit, darauf eine Antwort zu finden, und hat es nicht vermocht.

Heute bezweifelt niemand mehr ernsthaft, dass Roosevelt die USA in den Krieg gegen Hitler führen wollte. Aber 60 bis 80 Prozent der amerikanischen Bevölkerung waren entschieden gegen eine Beteiligung am Krieg in Europa. Im November 1940 war Roosevelt für eine dritte Amtszeit gewählt worden, und er hatte versprochen, kein Sohn Amerikas werde jemals in einem Krieg im Ausland kämpfen, es sei denn »im Falle eines Angriffs gegen uns«. Vertraulich hatte er jedoch mehr als einmal betont, dass die Japaner als Erste zuschlagen müssten beziehungsweise – wie er es gegenüber Admiral James O. Richardson am 8. Oktober 1940 ausdrückte – dass »sie im Verlauf des Krieges und mit der Ausweitung der Kampfzonen früher oder später einen Fehler begehen und wir dann in den Krieg eintreten«; deshalb Roosevelts andauernde Provokationen, die aber nicht in einem »Fehler« der Japaner gipfelten, sondern in dem Ultimatum vom 26. November, das den Japanern keine andere Wahl ließ als den Krieg, vorzugsweise mittels eines vernichtenden »Überraschungs«-Angriffs wie 1904 in Port Arthur gegen Russland, der so ausgezeichnet funktioniert hatte. Wusste

Roosevelt, dass die Japaner Pearl Harbor angreifen würden, wo der größte Teil unserer Pazifikflotte vor Anker lag? Oder erwartete er sie an einem weniger wichtigen Punkt, wie zum Beispiel in Manila? Diese Frage ist noch nicht geklärt.

James hat mit seiner AM Recht, wenn er schreibt, dass das deutsch-italienisch-japanische Dreierbündnis defensiv ausgerichtet war. Die Achsenmächte hatten sich nicht verpflichtet, ihre Bündnispartner im Falle eines Angriffskriegs zu unterstützen. Weshalb Hitler den USA den Krieg erklärte, ist immer noch »ein Rätsel«, wie kein Geringerer als Dr. Henry Kissinger meint, der kein schlechter Historiker ist, solange man ihn nicht zwingt, in den Spiegel zu blicken und seine eigene Art der *Diplomatie* genauer zu betrachten.

Wie konnte sich Roosevelt so sicher sein, dass er mit einem Krieg im Pazifik seinen Krieg in Europa bekommen würde? Nun, Roosevelt ist zweifellos der undurchsichtigste Staatsmann unserer Zeit. Wie Nixon einmal bewundernd über Eisenhower meinte: »Er war bei weitem schlauer und verschlagener, als gemeinhin vermutet wurde, und ich meine das im besten Sinn.«

Nachdem die USA am 8. Dezember 1941 uneingeschränkt im Krieg standen, konnte unser talentierter Strippenzieher dank der Kriegsvollmachten Großbritannien und den Sowjets zur Seite springen, wie er es bereits mit dem Lend-Lease-Abkommen und anderen virtuosen, wenngleich nur quasilegalen Maßnahmen getan hatte. Auch erledigte sich Roosevelts Problem mit dem Wahlversprechen, als die Japaner auf seine Provokationen und Ultimaten mit solcher Gewalt reagierten. Wie gewöhnlich bekam er, was er wollte.

Allgemeine Meinung: Ohne Trumans Atombomben hätte die berüchtigte japanische Kriegspartei, die die Regierung unter ihrer Fuchtel hatte, einer Million Japanern befohlen, sich von den Klippen herab auf die landenden Amerikaner zu stürzen, hätte nicht der Tenno, entmutigt durch die Bomben, und so weiter ... Lassen wir die bequeme AM beiseite und wenden uns stattdessen einer Autorität zu, nämlich Botschafter Joseph C. Grew und seinen Memoiren *Turbulent Era: A diplomatic record of forty years, 1904–1945.* Als US-Botschafter in

Japan fiel Grew die Aufgabe anheim, Roosevelt und Fürst Konoye zusammenzubringen, wobei er wenig Zweifel daran hatte, das Konoye ernsthaft Frieden wollte, Roosevelt hingegen nicht. Im Herbst 1941 war Grew sehr erzürnt, weil Washington halsstarrig an der Auffassung festhielt, die japanische Regierung werde vollständig von der Kriegspartei beherrscht:

> Wir in Tokio waren näher am Geschehen als die Regierung in Washington, und gestützt auf umfassende Geheimdiensterkenntnisse und -berichte glaubten wir, dass die japanische Regierung zu diesem Zeitpunkt in der Lage war, die Streitkräfte des Landes zu kontrollieren. In mehreren Telegrammen an unsere Regierung erläuterten wir, dass der deutsche Angriff auf Sowjetrussland jenen Kräften in Japan, die die staatliche Politik kontrollierten, einen weiteren überzeugenden Beweis geliefert hatte, dass Deutschlands Versprechungen nicht zu trauen war ... Niemand, so denke ich, konnte bestreiten, dass die japanische Regierung im Sommer 1941 sehr viel besser in der Lage war, ihre Streitkräfte zu kontrollieren, als im Dezember 1938 ...

Das Problem mit der AM, selbst wenn sie von einem so einfühlsamen Autor wie Clive James aufgetischt wird, besteht darin, dass sie Beweise des Gegenteils nicht gelten lässt. Die AM hängt immer noch dem Mythos an, Japan hätte bis zum Ende gekämpft, wenn Truman nicht seine Atombomben abgeworfen hätte. In Wirklichkeit hatten japanische Gesandte ein ganzes Jahr lang an verschiedenen Orten – zum Beispiel in Schweden, der Schweiz, Portugal, im Vatikan und so weiter – Friedensangebote unterbreitet. Die Botschaft lautete: Der Krieg ist zu Ende, wenn der Tenno bleiben darf.

Schließlich sandte der wichtigste Akteur der Japaner in dem Spiel – wie ich in meinem Beitrag vom 10. November vermerkte –, nämlich der Tenno selbst, am 18. Juli 1945 Truman einen Brief, in dem er nach Trumans Worten »den Frieden suchte«. Laut der Tagebucheintragung eines Regierungsmitarbeiters diskutierten Truman, Byrnes und

Leahy am 3. August 1945 über ein Telegramm »des Tenno, in dem er um Frieden bittet«. Auf Vorschlag von Außenminister Byrnes, wie manche vermuten, wollte Truman die Sowjets mit unserer Superwaffe einschüchtern. Also ließ er es entgegen dem Rat seiner militärischen Oberkommandeure zweimal kräftig knallen. Zitat Eisenhower: »Ich empfand ein Gefühl der Niedergeschlagenheit und bekundete deshalb gegenüber [Kriegsminister Henry L. Stimson] meine schweren Bedenken ... Meiner Ansicht nach sollte unser Land es unterlassen, die Weltöffentlichkeit durch den Einsatz einer Waffe zu schockieren, deren Verwendung als Mittel zur Rettung des Lebens von Amerikanern meines Erachtens nicht mehr geboten war.«

Wie viele Amerikaner seiner Generation fand auch Roosevelt unwiderstehlichen Gefallen an der Formel »bedingungslose Kapitulation«, mit der seinerzeit General U. S. Grant die Konföderierten unnachgiebig zum Aufgeben aufforderte. Roosevelt richtete diese Forderung nun an die Achsenmächte. Truman übernahm sein politisches Erbe. Nachdem er aber seine Bomben abgeworfen hatte, war von bedingungsloser Kapitulation keine Rede mehr, und auch der Tenno behielt seinen Thron. Clive aus Canberra empfehle ich die jüngste, wenn nicht letzte Veröffentlichung zu diesem Thema, nämlich das Buch *The Decision To Use the Bomb and the Architecture of an American Myth* (dt. *Hiroshima. Die Entscheidung für den Abwurf der Bombe*) von Gar Alperovitz. Mit der Frage, weshalb und wie es zu Pearl Harbor kam, beschäftigt sich R. B. Stinnett in seinem Werk *Day of Deceit*, das bald in einer anderen Zeitschrift heftige Debatten auslösen wird.

Noch einmal: Wie konnte Roosevelt wissen, dass uns nach Pearl Harbor Hitler den Krieg erklären würde? Die AM liefert James dafür keinen vernünftigen Grund. Deshalb greift er auf das Dämonische zurück – den »Größenwahn«, der Hitler dazu trieb, möglichst gegen die ganze Welt Krieg zu führen. Aber das überzeugt nicht. Gewiss gab sich Hitler mancherlei Wahnvorstellungen hin, aber gewöhnlich verhielt er sich im Umgang mit den Amerikaner-»Mischlingen« ausgesprochen vorsichtig. In seiner Kriegserklärung im Reichstag am 11. Dezember nannte er einen scheinbar rationalen, wenn auch sonderbaren Grund:

Am 4. Dezember hatte General Marshall auf Wunsch des Präsidenten einen Kriegsplan vorgelegt, in dem er vorschlug, die Vereinigten Staaten sollten angesichts der Tatsache, dass Hitler der Hauptfeind der USA und der ganzen Welt sei, eine Expeditionsarmee von fünf Millionen Mann aufstellen und diese am 1. Juli 1943 zur Invasion Deutschlands entsenden. Der Plan – der hoffentlich nur ein Gedankenspiel war – sickerte durch und landete auf der Titelseite des *Chicago Tribune*, dem Sprachrohr der Isolationisten. »ROOSEVELTS KRIEGSPLÄNE!« verkündete die Schlagzeile. Drei Tage später war diese Meldung dank Pearl Harbor nur mehr Makulatur. Hitler jedoch war sie zu Ohren gekommen, und er nahm sie als »Beweis« für Roosevelts räuberische Absichten gegenüber den Achsenmächten, indem er (eher bekümmert als zornig?) vermerkte: »Ohne dass die amerikanische Regierung auch nur den Versuch eines offiziellen Dementi unternommen hätte, wurde Präsident Roosevelts Plan veröffentlicht, wonach Deutschland und Italien spätestens 1943 mit militärischen Mitteln angegriffen werden sollen.« (Dies stammt aus dem Buch *A World to Gain* von Thomas Toughill, einem interessanten Hobbyforscher.)

Abschließend sei gesagt, dass Gar Alperovitz den beharrlichen Mythos über den Abwurf der Atombomben so scharfsinnig seziert, dass es eine Freude ist.

The Times Literary Supplement
1. Dezember 2000

Sir,

kurz bevor Kenneth Tynan nach New York kam, um dort seinem Geschäft als Theaterkritiker nachzugehen, war er zum Marxisten konvertiert. Brecht hatte dabei irgendwie die Hand im Spiel, ich glaube, er hat Marx gelesen. Ken zitierte Marx häufig, meist bei einer unserer spätabendlichen Unterhaltungen in der Arbeiterkantine Mirabelle in Mayfair. »Geld darf kein weiteres Geld hecken«, dozierte Ken dann gern. Kaum war er in New York eingetroffen, begann er auch schon zu missionieren. Einmal sah ich, wie er mit einem betagten Redakteur der *Partisan Review* zusammenstand, einem ehemaligen Stalinisten, Trotzkisten und Reichianer. Energisch legte ihm Ken dar, was das Geld niemals tun dürfe. Als er kurz Luft holen musste, meinte der erschöpfte alte Klassenkämpfer:»Mr. Tynan, Ihre Argumente sind so alt, dass ich sämtliche Einwände dagegen längst vergessen habe.«

Der ehrenwerte Clive James (Briefe, 8. Dezember) hinkt der Zeit ähnlich hinterher wie Ken. Dreißig Jahre Informationszuwachs über den amerikanisch-japanischen Krieg sind spurlos an ihm vorübergegangen. Er glaubt,»die [japanische] Flotte« habe auf ihrem Weg nach Pearl Harbor»keine Funksprüche gesandt«: Der Funkverkehr sei »schon lange vorher außer Kraft gesetzt worden«. Nein. Was außer Kraft gesetzt wurde, ist der Mythos, dass die Japaner völlige Funkstille hielten. In den Jahren 1993 und 1995 kamen (unter dem Freedom of Information Act) alle möglichen Abschriften und Aufzeichnungen des Abhördienstes ans Licht, zum Beispiel die Aufzeichnung vom 6. Dezember 1941, als ein amerikanischer Dechiffrierer berichtete:»Der befehlshabende Kommandeur der vereinten (japanischen) Flotte sandte mehrere Botschaften an Truppentransporter, an die Vierte Flotte und an die Oberkommandeure.« Jede davon ging Richtung Hawaii und zirkulierte innerhalb der Verbände. Zwar deutet einiges darauf hin, dass sich James mit den jüngsten Veröffentlichungen Hirohitos auf dem Laufenden hielt (Chrysanthemen-Pornos, wie wir sie in der Branche bezeichnen), aber an politischen Enthüllungen scheint er nicht interessiert zu sein. Ich schon. So habe ich fünf Jahre lang für mein Buch *The Golden Age* recherchiert, um herauszufinden, was in Pearl Harbor tatsächlich geschah, weshalb die Atombomben fielen, obwohl Japan schon zur Kapitulation bereit gewesen war, und warum ... Ohne mich wiederholen zu wollen, möchte ich beiläufig auf die Reinheit eines gewissen journalistischen Stils aufmerksam machen, der Mitte des 20. Jahrhunderts gebräuchlich war und heute noch wie ein monotoner Trommeltakt in der blank polierten Prosa unseres Clive aus Canberra widerhallt. Seine Zutaten? Hochmoralische Empörung, und sei sie noch so überzogen, verbunden mit boshaften Anspielungen *ad homi-*

nem aus der rechten Ecke. Ich habe den Wortführer der Friedenspartei am japanischen Hof, Fürst Konoye, zitiert, weil mich seine Vorschläge interessierten. Unser zeitgeschichtlicher Journalist ist hingegen an Konoye deshalb interessiert, weil er ihn für einen Antisemiten hält, der sogar den Abschiedsbrief zu seinem eigenen Selbstmord gefälscht haben soll. Sollte ich Konoyes Friedensabsichten missdeutet haben? War er wie so viele japanische Fürsten ein Ehebrecher? Wenn ja, war dies der wahre Grund, weshalb Roosevelt sich weigerte, sich mit Konoye in Juneau zu treffen, einem schönen Fleckchen in Alaska, wo im Sommer die größten Stechmücken Nordamerikas brüten? Roosevelt besaß einen ausgeprägten Sinn für Humor. Nachdem er diesen lustigen Treffpunkt vorgeschlagen hatte, zog er jedenfalls, aus welchem Grund auch immer, sein Angebot wieder zurück. Frieden im Pazifik war nicht gerade das, wovon er träumte.

Als Nächster wird Charles Lindbergh, ein »weiterer fragwürdiger Held« von mir, aufs Podium geschleift, damit wir uns mit gerechtem Zorn darüber aufklären lassen dürfen, dass »sein Isolationismus *de facto* ein politisches Instrument der Achsenmächte war«. Gewiss wollte James, der Latinist, eigentlich *ad hoc* schreiben in diesem Satz, der zugegebenermaßen genauso bedeutungslos ist wie jenes leierkastenhafte »man man man«. Er räumt sogar ein, dass »Lindbergh [im Krieg] loyal gedient und sogar eine japanische Maschine abgeschossen hat, aber man fragt sich, wie viele amerikanische Maschinen er mit seinem Reden abgeschossen hat«; die moralische Entrüstung erreicht jetzt ihren Höhepunkt – gib mir die Brechtüte, Alice, oder wie immer dieses tolle Mädchen hieß. Im wirklichen Leben wurde Lindbergh von Roosevelt beauftragt, die Luftwaffe und die Flugzeugproduktion der Deutschen unter die Lupe zu nehmen. Lindbergh war durch das, was er herausfand, so beunruhigt, dass er darauf drängte, die amerikanische Produktion von Kriegsmaschinen, insbesondere von B-17-Bombern, zu steigern. Er war natürlich Isolationist, genau wie eine nachdenkliche Mehrheit der amerikanischen Bevölkerung vor Pearl Harbor.

Dann – o weh – hören wir, dass »Botschafter Joseph Grew leider auch nicht zum Helden taugt«. Offen gestanden gibt es in meiner Welt keine Helden. Zwar wurde Grew von denjenigen unter uns, die mit ihm zu tun hatten, für seine Brillanz und Rechtschaffenheit bewundert, doch der große Moralist aus Canberra erklärt uns, Grew sei schlimmer gewesen als jeder Antisemit – weil er nämlich ein Snob war. Könnte es sein, dass diese schreckliche Charakterschwäche die Kriegspartei in Tokio dazu veranlasst hat, die Vereinigten Staaten anzugreifen? Doch Mr. James unterlässt es – erneut o weh –, diese verführerischen Aspekte miteinander zu verknüpfen. In Wirklichkeit lag Grews Problem als Diplomat darin, dass er zwischen Japan und den USA Frieden zu wahren versuchte, während sein Präsident den Plan verfolgte, die Japaner so weit zu bringen, dass sie den Erstschlag führten, damit wir in den Krieg ziehen konnten. James jedoch schlägt immer einen großen Bogen um die große unbeantwortete Frage: Wenn die Japaner nicht von uns provoziert wurden, *weshalb haben sie dann angegriffen?* Er schwafelt von ihren Gelüsten nach »ungehinderter Expansion«. Wohin wollten sie denn expandieren? Nach Chicago womöglich?

Schließlich eine rhetorische Frage an mich. Hätte ich 1945 erfahren, dass wir über eine Waffe »von solch zerstörerischer Kraft verfügten, dass ... der Krieg innerhalb einer Woche beendet wäre«, was hätte ich dann gesagt? Nun, uns hat keiner um Rat gefragt. Aber die meisten von uns waren sehr dafür, die Bombe einzusetzen. Hätten wir andererseits gewusst, dass der Krieg bereits im Mai 1945 hätte beendet sein können, hätte ich Himmel und Hölle in Bewegung gesetzt, um den Präsidenten seines Amtes entheben zu lassen, weil er für sein Machtspiel mit der Sowjetunion, das unerbittlich und unnötigerweise zu einem fünfzig Jahre dauernden Kalten Krieg geführt hat, so viele Menschenleben und so viele Städte geopfert hat. Es wundert mich, dass ein so allwissender, wenn auch nicht besonders kluger Zeuge wie Clive James immer noch nicht begreift, was ihm und uns allen die meiste Zeit unseres Lebens über widerfahren ist.

The Times Literary Supplement
15. Dezember 2000

Maria Mies
Globalisierung von unten
Der Kampf gegen die Herrschaft
der Konzerne
Broschur, 255 Seiten

Maria Mies / Claudia von Werlhof (Hg.)
Lizenz zum Plündern
Das multilaterale Abkommen über
Investitionen »MAI«
Broschur, 232 Seiten

Joseph Nye
Das Paradox der
amerikanischen Macht
Warum die einzige Supermacht der Welt
Verbündete braucht
Aus dem Amerikanischen von
Bernhard Jendricke u.a.
Geb. mit Schutzumschlag, 220 Seiten

Stefan Reinecke (Hg.)
Die neue NATO
Vom Verteidigungsbündnis zur
Interventionsmacht?
Broschur, 163 Seiten

Thomas Schroedter
Globalisierung
eva wissen 3000
Broschur, 96 Seiten

Christiane Schulzki-Haddouti
Datenjagd im Internet
Eine Anleitung zur Selbstverteidigung
Broschur, 270 Seiten

Mark Terkessidis
Migranten
eva wissen 3000
Broschur, 96 Seiten

Sibylle Tönnies
Cosmopolis Now
Auf dem Weg zum Weltstaat
Broschur, 150 Seiten

Gore Vidal
Ewiger Krieg für ewigen Frieden
Wie Amerika den Hass erntet,
den es gesät hat
Aus dem Amerikanischen von
Bernhard Jendricke u.a.
Broschur, 132 Seiten

Michael Walzer
Erklärte Kriege – Kriegserklärungen
Aus dem Amerikanischen von
Christiana Goldmann
Mit einem Vorwort von Otto Kallscheuer
Broschur, 184 Seiten

Anregungen und Kritik, Lob und Tadel erreichen uns unter
www.europaeische-verlagsanstalt.de
oder per Post: Europäische Verlagsanstalt, Bei den Mühren 70, 20457 Hamburg